JN039521

説明の
上手い人が
「最初の1分」
でしていること

PRプロデューサー
笹木郁乃
Ikuno Sasaki

CROSSMEDIA PUBLISHING

なぜ「最初の1分」が重要なのか

あなたは説明が得意ですか？　それとも苦手ですか？

この質問に「得意です」と答えられる人はあまりいないのではないでしょうか。

私も数々の苦い経験をしてきました。

- 整理したはずなのに、いざ話すと頭が真っ白になる
- 「魅力を全部伝えたい」と思い、話が長くなってしまう
- 「理解してくれた」と思ったら、何も伝わっていない

などなど。この本を手にしたあなたも同じような経験があるのかもしれません。

でも、大丈夫です！　本書を読めば、どんなに話すのが苦手な人でも今よりも説明が上手になります。しかも「最初の1分」を変えるだけで効果を実感できるはずです。

自分の説明が伝わらないなと思ったとき、皆さんはどうしますか？

- 結論から話すように意識する

・魅力的なキャッチコピーを考える

・全体の流れをロジカルに整理する

・何か相手に刺さるようにとりあえず情報量を増やす

　といったように、説明の"内容"を改善しようとしますよね。

　でも、私はそれでは根本の解決にならないと考えています。**「いい説明」かどうかは、相手次第で決まるからです。**

　「そんな当たり前なこと言われても……」と思いませんでしたか？

　基本的なことですが、説明においてはこの視点が何よりも大切なんです。

　説明を聞く立場になったときのことを思い出してください。「なんか違うんだよな……」と自分が聞きたくない話を長々とされるときほど、つらいことはありませんよね。

　たとえ、その話がどんなにわかりやすくて論理的であったとしても、嫌なものは嫌。

　逆に聞きたい内容であれば、拙い話し方であったとしても前のめりに聞けますし、こちらから具体的な質問もしたくなります。

　まさにこの「聞き手が前のめりになっている状態」こそ、いい説明ができている何よりの証拠です。

相手は「今はつまらないけど、そのうちに興味が出てくるはず」なんて待ってはくれません。

自分に関係するかどうかを判断するのは、「最初の1分」。説明が上手くなりたいのなら、「最初の1分」を変えるのがもっとも効率がいいんです。

最初に相手の心をつかめば、そのあとの説明も話が弾むでしょうし、多少わかりづらくても理解しようとしてくれます。

反対に「自分には関係ない」と思われたら、二度と心の扉が開くことはありません。いくら説明の内容を改善しても、そもそもちゃんと聞いてもらえないので、変更したことにさえ気づいてもらえないかもしれません。それはもったいないですよね。

本書では、瞬時に相手を惹きつける**「ツカむ説明」**のコツをお伝えしていきます。

「最初の1分」で相手の心をつかめるかどうか。これによって説明の質が驚くほど変わるんです。

● 上手く話せると思っていた私への「衝撃的な一言」

自己紹介が遅れました。

私は、株式会社LITAの代表でPRプロデューサーを務め

ている笹木郁乃と申します。

　前職の寝具やクッションを扱うエアウィーヴでは、PRによって売上高を1億円から115億円まで伸ばすことに貢献し、その後老舗鋳造メーカー・愛知ドビーでは、鋳物ホーロー鍋「バーミキュラ」を注文12カ月待ちにして、認知度を全国区にすることにも貢献しました。

　この体験から「もっと多くの人にPRを広めたい」という思いで独立。企業や個人向けの広報PR支援事業を手がける会社を経営しています。

「説明とPRって関係あるの？」と思った人もいるでしょう。

　ものすごく簡単に言えば、PR、とくにメディアPRは新聞・テレビ・ラジオなどのマスメディアの方々に情報をお渡しし、取り上げてもらうことで、「知らない商品」を「知っている商品」に変える仕事です。

　説明が上手くできなければ、仕事になりません。

　しかもメディアの人たちは忙しいので、話せるチャンスはだいたい一瞬です。電話で話せたとき、短い打ち合わせの時間……。興味がなければそこでおしまいです。

　まさにエレベーターピッチのように数十秒で商品や企業の魅力を伝え、「もっと知りたい」と思ってもらわなければいけません。

私は説明することが本当に苦手でした。

　PRを仕事にしているからか、話上手に見られることも多いのですが、元々は理系出身ですし、新卒で入った会社では研究職でした。一日を通してほとんど話さない日もあったくらいです。

　PRを始めた初年度の実績はゼロ。1年間、どのメディアにも興味を持ってもらえなかったのです。ただ、自分に問題があるとは思っていませんでした。

　むしろ「結構上手く話せているのに、なんで掲載してくれないんだろう」なんて思っていました。自分の拙さに気づけないくらいレベルが低かったんですね。

　当時、雑誌の記者の方から言われた衝撃的な言葉があります。愛知の会社に勤めていた私は電話でなんとかアポを取り、東京のとある出版社に向かいました。いざ打ち合わせが始まり、事前につくり込んだ膨大な資料をめくりながら一枚一枚説明している途中、

「もういいですか。忙しいんで」

　と切り上げられてしまったのです。何も言えませんでした……。意気揚々と片道2時間以上かけて行ったのに、開始

15分後には帰りの身支度をすることになったのです。その頃は、

- ・プレゼン途中に「まだあるんですか?」と言われる
- ・あからさまに、つまらなそうな顔をされる
- ・説明したのに、全然伝わってなくてビックリする

といったことは日常茶飯事。結果も出ないし、一年目の社内評価は最低の「C」。**もうクビ寸前だったのです。**

そこからPRパーソンとして結果を出し、「話が上手いですね」「説明がわかりやすい」「いつも話に引き込まれます」と言われるようになり、自分で会社を経営するまでになりました。

クビ寸前だった私が、なぜこうなれたのか?
説明の仕方を変えたんです。特に注力したのは説明のツカミ。すると、「話を聞いてもらっている」という弱い立場だったのが、相手から前向きに質問してもらえるようになり、フラットな関係に変わったことで話すのがラクになりました。結果的に今までと同じ商品を紹介しているのに、商談がスムーズになり、新しいお仕事につながっていきました。さらに、人を紹介してもらえることも増え、人間関係も広がっていったのです。

本書には、これまで私が何度も失敗し、改善してきた経験をすべて詰め込みました。

　説明が苦手な人でも話下手な人でも大丈夫です。ちょっとコツをつかむだけで、絶対に説明することが楽しくなりますよ！

● ちょっと説明を変えるだけで、 仕事も人生も一気に開ける！

　私はこれまでセミナーや講演会含めて、8000人以上にPRや起業を伝えてきて、1年間の専門学校「PR塾」も主宰しています。

　なかなか結果が出ない方を見ていると、商品やサービスは魅力的なのに上手く伝えられていないことがほとんど。

　そこで、どうしたら皆さんがわかりやすく説明できるだろうと試行錯誤し、私がPRを説明しやすいように体系化したノウハウや、PR塾で毎月行っている1分メディア交流会を通して、受講生にやり方を指導してきました。すると、PRの仕事はもちろん、仕事全般にいい影響があったのです。

　「ツカむ説明」によって、多くの方が新しい人生を切り開く姿を何度も目にしてきました。その一例として、化粧品メーカーを経営する渡辺さん（仮名）の事例をご紹介しましょう。

　美容業界以外にも仕事を広げたい渡辺さんは、それまで自己紹介で他社と差別化しようと「エラスチン」という専門用語を使っていました。エラスチンとは、簡単に言えば肌のハリと弾力の維持に大事な成分です。しかし、美容業界以外の人には何のことかわかりません。

　説明するとき、とくに重要なのは最初の一言です。一言目に複雑な要素を話してしまうと、聞き手は「なんの話だろう？」と話を理解しにくくなります。

　そのため、最初の一言は差別化された言葉やキャッチコピーではなく、とにかくわかりやすい表現を心がけるのがコツです。

　渡辺さんにもこのアドバイスをしたところ、以下のように自己紹介の一言を変更したそうです。

　　変更前「**エラスチンを使った**美容化粧品を製造販売する会
　　　　　社です」
　　変更後「**エステサロン向けの**美容化粧品を製造販売する会
　　　　　社です」

　変更後を見ると「これだけでいいの？」と思うかもしれませんが、聞いた人がどんな商品か瞬時にイメージできることが重要なんです。

最初の「一言」だけ変えたところ、「エステサロン向けの商品を扱っているのであれば、サロンのオーナーさんを紹介しますよ」と引き合いが増えたそうです。

　自分の商品が理解されるようになり、美容業界以外にも仕事が広がって渡辺さんはとても喜んでいました。やっぱり自分が「いい！」と思ったものが理解してもらえると嬉しいですよね。

　読者の皆さんも、これまで伝えたい内容をわかってもらえるように頑張ってきたと思います。

　内容を整理したり、資料を見やすくしたり、キャッチコピーを考えてみたり……。

　でも、それは全く無駄にはなりません。

　説明の最初を変える。それだけで準備してきた内容が、より相手に伝わるようになります。

　それは、**説明するあなた自身の意識が変わるからです。**私は今まで何千という人に説明の仕方を教えてきましたが、伝わる説明と伝わらない説明の差は、ちょっとした心掛けの違いなのだと思っています。

「ツカむ説明」を身につけることで、説明全般が上手くなります。特に効力を発揮するのが、商品やサービスを説明する場面です。

　実際塾生の皆さんから、この「ツカむ説明」のおかげで「今まで話を聞いてくれなかった取引先が発注してくれた」「理解されなかった自社の商品について納得してくれるようになった」という声をいただいています。

　本書を読んだらご自身でも試してみてください。きっとその効果を実感してもらえるはずです。

　では、これから詳しいお話をしていきましょう！

第 **1** 章

【説明の基本】
説明の最初に何を
話すべきなのか？

第 **2** 章

【説明の準備】

説明が上手い人は、話す前に聞いている

第 **3** 章

【STEP 1 一言】
何を説明するかを
わかりやすく伝える

●一言をわかりやすくする４つのポイント

第  章

【STEP 2 実績】
信頼されるために
「第三者の評価」を話す

第 **5** 章

【STEP 3 ビフォーアフター】
聞き手が一番知りたいのは「変化」

第 **6** 章

【STEP 4 特徴】

差別化要素を伝えて
納得してもらう

第 **7** 章

【STEP 5 ストーリー】
感情を揺さぶる
ストーリーで記憶に残す

第  章

【STEP6 提案】
さりげなく動いてもらう
ための後押しをする

第 9 章

【ケーススタディ】
ツカむ説明　実践編！

終　章

【応用】

さらに上手く説明するために必要なこと

カバーデザイン
城匡史

編集協力
流石香織

第 **1** 章

【説明の基本】

説明の最初に何を
話すべきなのか？

説明は、
切り出し方で決まる

● 最初にツカめば、最後までちゃんと聞いてくれる

突然ですが、質問です。

あなたは上司から資料作成の仕事を頼まれました。次のA
とB、どちらの説明を聞きたくなりますか？

> A「いやあ、山本くんに〇〇社の資料作成をお願いしてた
> んだけど、忙しいからできないって言い始めたんだよ。
> 大丈夫。そんなに手間がかからない簡単な資料だから。
> ちょっとやってくれるかな？　じゃあ、内容について説
> 明するね」
>
> B「〇〇社という重要なクライアントの資料作成をお願い
> したくて。この前、つくってくれた資料の評判が非常に
> よかったから、ぜひまたお願いしたいんだ。あなたに
> とっていいチャレンジになると思う。じゃあ、内容につ
> いて説明するね」

もし、この後に続く資料作成の説明が全く同じだとしたら、

確実にBの内容のほうが頭に入りますよね。

　Aのあとに、非常に明快でわかりやすい説明をされたとしても「なんで私がやらないといけないんだろう？」「なんかこんな仕事ばっかり頼まれてるよな」といった思いが頭の中を支配して、集中して聞くのは難しいでしょう。

　この２つの例は、説明が始まる「前」の部分です。**内容自体は全く変わらないのに、切り出し方で大きな違いが生まれているのです。**

　日常生活でもこのようなことが起きています。

　上手く切り出せないと、あなたが一生懸命説明しているのに相手は「なんの話をしてるんだっけ？」「なんでこの話を聞かなければいけないんだろう？」と思っているだけで、全く頭に入っていないケースは非常に多いんですね。相手に最後までちゃんと聞いてもらいたいなら、冒頭で惹きつけることが重要です。

　では、AとBの切り出し方はどこが違うのでしょうか？
　お願いしている内容は同じ「資料作成」ですが、

　　A＝山本くんがやらなかった資料作成
　　B＝新たなチャレンジをするための資料作成

というように捉え方が違いますよね。

　コピーライティングの世界では、「What to say（何を言うか）」「How to say（どう言うか）」の２つが重要だと言われます。今回違うのは、まさに「What to say（何を言うか）」の部分です。

　実は説明が上手くなるためには、**「何を言うか」、つまり切り口を見つけること**が一番効果的なんです。相手が知りたい内容に合わせて、自分の商品サービスを切り取る、光をあてるイメージです。それを冒頭で伝えると、**相手の聞く姿勢がガラッと変わります。**

「How to say」よりも「What to say」が大事

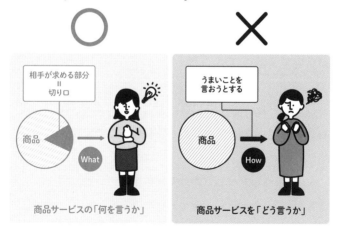

●「どう言うか」より「何を言うか」のほうが重要

「結論から話しなさい」

よく説明や話し方のアドバイスとして言われる言葉です。相手に集中して聞いてもらうために結論を先に伝えるわけですが、ただ結論を言えばいいということではありません。

重要なのは、**結論が相手にとって魅力的なのかどうかです。** 興味ない話の結論を言われても、気持ちは動かないですよね。

「短く話しなさい」もよく言われるアドバイスです。これも大切なのは、**相手が聞きたいかどうかです。**

いかに端的にまとまっていても、相手が知りたくなかったり、聞く理由がなければ意味がありません。あまりにクドクド話が長すぎて、理解ができないといったレベルであれば問題だと思いますが……。

話し方や伝え方といった「どう言うか（HOW）」よりも、重要なのは「何を言うか（WHAT）」なんですね。

ほんやりと説明したときは反応が薄かったとしても、相手が求める「切り口」を意識するだけで態度が変わることもあるのです。

第1章では、相手を惹きつける説明の基本を押さえながら、「何を言うか」について詳しく解説していきましょう。

説明が下手なのは、
ズレているだけ

● 説明が上手い人と下手な人の違い

　説明が上手い人ってどんな人だと思いますか？　流暢に喋れる人でしょうか。それとも論理的に話す人？　**私は、相手によって話を変えられるのが説明の上手い人だと思います。**

　身近な例で考えてみましょう。家の近くに新しいカレー屋さんがオープンしたとします。メインの商品は、激辛だけど美味しいカレー。サブの商品にお蕎麦もあって、こちらも独特の味わいで人気があります。このお店の大ファンになったあなたは多くの人に来てほしいと思っています。このお店のことを周りの人にどのように説明しますか？

　わかりやすく、「カレールーにこだわっていて、海外から香辛料を取り寄せている」「独特の風味を出すために厳選した蕎麦粉を使っている」といった特徴を話すパターン。
　もしくは「店長は20年以上世界を放浪していて、このカレーとお蕎麦にたどり着いたんですよ……」といったように

ストーリーを伝えようとする人もいます。

　どれもちゃんと説明になっています。けれど、どれがいい
か選ぶのは難しいですよね。

　もし、話す相手が決まっていたらどうでしょうか。

　激辛好きには「辛いもの好きだったよね？　最近行ったカ
レー屋さんがあって。今までに食べたことないくらい辛いけ
ど、美味しいカレーが食べられるよ」と紹介しますよね。

　グルメな友人には「激辛カレーとお蕎麦っていう面白い
セットを出すお店があるよ」と話すでしょうし、蕎麦好きな
人には「カレー屋さんなんだけど、すごい美味しいお蕎麦を
出すんだよね」と切り出すでしょう。実は、これがいい説明
なんです！

**「自分が話したいこと」を伝えるのではなく、「相手の興味が
あること」や「相手が悩んでいること」に合わせて話すのが
ポイントです。**

　辛いものが苦手な人に、わざわざ激辛カレーはすすめませ
んよね。たとえ、どんなに自分が激辛カレーに惚れ込んでい
ても、どんなにわかりやすく説明したとしても、相手が興味
ないとわかっているからです。

　説明の価値は「自分が話したいこと」と「相手の興味があ
ること」がつながったときに生まれるのだと思います。

しかし、説明が苦手な人は相手が知りたいこととはズレた話をしてしまうんですね。

● 一生懸命話しているのに、伝わらない理由

ズレた説明とはどのようなものでしょうか。具体的には次のようなイメージです。

> ズレた説明の例
> ・聞き手が興味がないテーマを話し続ける
> ・結局、何が言いたいかよくわからない
> ・情報量が多すぎる
> ・細かい補足情報まできっちり話す

いつもは思いやりのある優しい人でも、商談や打ち合わせ、プレゼンの場面では一方通行な説明になってしまうことがよくあります。

そうすると相手は「**自分のことちゃんと見てる？　押し売りみたいで嫌だな**」と疑心暗鬼になってしまいます。
「自分はそんなことしない」と思う方もいるかもしれませんが、これまで商談やプレゼン、打ち合わせで一方通行な説明を数多く見てきました。

　説明でよくズレが生まれるのが、商品を提案するときです。お客様の知りたいことを無視して、商品の特徴を一方的に話し続けてしまうのです。

　たとえば、あなたが家電量販店で持ち運びやすいノートパソコンを探しているとします。たまたま見ていたパソコンを販売員の方が「この最新のパソコンはメモリの容量が大きいんです。今までと比較すると130％という数値です。処理速度が速いので、動画編集にもおすすめですよ」と紹介してくれました。しかし、**それは自分の知りたいことではないので、話のほとんどが頭に入ってこないでしょう。**

　面接でも、ズレた受け答えは少なくありません。面接官が知りたいことではなく、自分のシナリオ通りに話してしまう。
　たとえば、ベンチャー企業の中途採用の面接。面接官が「なぜ、うちに転職しようと思ったんですか？」と志望動機を尋ねました。面接官は「安定志向で大企業を選ぶ人も多い中、なぜリスクの高いベンチャー企業を選んだのか？」を知りたかったのです。

　ところが、ベンチャーを志望した理由ではなく「自分のスキルを磨きたい」という丸暗記してきた志望動機を必死に話してしまうのです。面接官からすれば、知りたいことがわか

らないし、コミュニケーションが苦手な人という印象しか残りません。そのようなやり取りが最後まで続けば、本当はその会社が求めていた人だったかもしれないのに、「この人と働くのは難しそうだ」と思われて不採用になってしまいます。非常にもったいないと思いませんか？

● 説明は一方通行ではなく、一緒につくるもの

ズレた説明をしてしまう人に話を聞いてみると、皆さん口をそろえて「これが、いい説明だと思ってました」と言います。たとえば、次のような声を聞きます。

> 説明がズレてしまう人が考えていること
> ・商品の魅力をちゃんと伝えたい
> ・ちゃんと準備してきた内容を話さないと、申し訳ない
> ・情報が欠けてしまうのは悪いから、全部伝えたい
> ・沈黙になるのは気まずいから、たくさん話すようにする

結果的には意図したところとは真逆の「全く伝わらない」状態になっているわけです。**こうなってしまう原因は、「説明とはこういうものだ」という思い込みがあるからです。**
しかし、説明の良し悪しは相手が決めるもの。
「誰に向けて話すのか？」によって当然同じテーマでも説

明の仕方は変わるはずです。実は「説明が上手くできない……」と悩んでいる人のほとんどは、話し方やわかりやすさではなく、相手が知りたいこととピントがズレていることに問題があるのです。

　私が説明するときは「相手と一緒にワクワクする時間をどうつくろうか」という気持ちで話しています。自分だけで完結せずに、相手とやり取りしながら進めるほうがいいんですね。まずは「相手が知りたいことはなんだろう？」という意識を持つだけで、話す内容が変わってくるはずです。

説明は相手と一緒につくる

流ちょうな話し方や
熱量よりも大事なもの

● 人は、人の話を基本聞いていない

「説明が上手い」というと、かっこよくプレゼンしている様子を思い浮かべる人もいるでしょう。でも、話上手な人が流ちょうに説明しているのを聞いて、

「あー。この人、話が上手いなあ」
「どうやったらこういうふうに話せるのかな」

　と思ったけれど、結局内容は何も覚えていない……なんてことありますよね。
　ただ、「説明が上手い＝流ちょうに話せる」というイメージを持っている方は少なくありません。
　しかし説明の目的は、相手が理解・納得して、実際に行動してもらうことです。であれば、自分が話の上手い人と思われてもあまり意味がないですよね。

　そもそも、基本的に人は誰かの話をちゃんと聞いていませ

ん。すべての話を集中して聞くと、疲れてしまいます。ですから、**人は自分に必要な情報だけを選んで聞いています。**

　私も今まで「ちゃんと聞いてもらえた」はずなのに何も伝わっていないという経験を何回したかわかりません。

　自分に必要ない話は聞こうと思えませんから、その情報をいくら流暢に話したとしても聞く耳を持ってもらえないわけです。にもかかわらず、自分の伝えたいことだけをスラスラと話して「これだけ上手く話せたのだから、興味を持ってもらえただろう」と満足してしまうんです。

　また、熱意のある話し方にも注意が必要です。商品やブランドへの思い入れが強い人がこういう説明になりがちです。「この商品を伝えたい」という強い気持ちがあるからこそ、「この製品はこれだけ素晴らしいんです！」と一方的に話し続けてしまうのです。

　中には、興味がないけど「一生懸命話しているから」という理由で聞いてくれる人もいるでしょう。すると「熱意を持って話せば、やっぱり伝わるんだ」と思うようになり、ますます相手とズレてしまいます。

　熱量や気持ちを伝えることは、もちろん重要なのですが、それは相手が聞きたい情報という前提があった上での話だと思います。

流ちょうに話せるかや熱量があるかよりも、まず聞き手の知りたい「**何を言うか（WHAT）**」を話すこと。そうすればちゃんと説明を聞いてもらえるようになります。

● 私も「TED」のようなプレゼンを目指していた

私もかつて、流ちょうに話ができる人に憧れを抱いていました。

ファーストキャリアは畑違いの研究職。新卒で入社したトヨタグループの自動車部品メーカー・アイシン精機（現・株式会社アイシン）では、研究開発職として働いていました。

当時は取引先にプレゼンをしたり、部下をマネジメントしたりする機会もなかったため、日常生活のように伝えたいことを話せば伝わると思っていました。今思えば、社内の人や取引先の人が汲み取ってくれていたのでしょう。

また、成約に結びつくプレゼンを間近で見たことがなく、アメリカのプレゼンイベント「TED」のように、プレゼン資料をスラスラと話すことが理想だと思い込んでいました。

ところが、創業間もないエアウィーヴに入社してみると、それまでの話し方では全く通用しません。最後まで聞いてもらうことすら難しいのです。

メディアの人にシナリオ通りにプレゼンしていると、つま

らなそうな顔をされたりすることばかり。これまでとは全く違う反応に戸惑い、なぜ話を聞いてもらえないのかわかりません。

「このままではダメだ。どうやって話せば興味を持ってもらえるんだろう？」

それから、自分の説明の仕方を見直すことにしたのです。

● 自分の説明に足りなかったのはGIFT

　説明が上手くなる方法を模索していたときに思い出したのが、一緒に得意先まわりをしていたエアウィーヴの先輩の行動です。そして、私の説明に足りない**「ある要素」**に気づきました。

　その先輩は相手を喜ばせて、いい人間関係をつくるのが得意な方です。取引先への訪問時には手土産を持参したりと、相手が喜ぶGIFTを渡すことをいつも考えています。

　その情熱あふれるキャラクターも相まって、皆さんはいつも楽しそうに聞いていました。

　一方、私はそんなキャラクターではないし、「この商品は素晴らしいんです！」と伝えたいことを押し付けていました。

先輩と自分を比べたとき、**私の説明には「相手が知りたいこと」、つまりGIFTがないこと**に気づいたのです。

　何か私なりのGIFTを渡せないだろうか。そこで思いついたのが、相手の知りたい情報をまとめることでした。

　たとえば、メディアの人が知りたいのは、取材のネタになる情報です。当時、「今の寝具メーカー市場って、どういうのが流行っているんですか？」「睡眠グッズで売れているのって何ですか？」とよく聞かれていました。

　そこで、「量販店で売れている睡眠グッズ」「睡眠カウンセラーでおすすめの人」と睡眠にまつわる情報をまとめた「睡眠新聞」を作成して、メディアの人にお渡ししたのです。

　そして、その方の興味によって**「切り口」**を変えて自社を紹介するようにしました。すると反応が明らかによくなり、仕事につながることが格段に増えたのです。

　そこから私は必ず**「調べて、聞く」**ようになりました。以前から失礼がないように相手の会社概要などは見ていましたが、「この人は何に困っているか？」「私に聞きたいことはなんだろうか？」と事前に仮説を立てるようになったんですね。

　そして説明を始める前は、とにかく相手に質問します。やりとりしながら、自分の仮説が正しいのか、外れているのかを確認するのです。

説明の基本

　相手の知りたいことに、「切り口」のピントを合わせていく、そんなイメージです。

　この気づきで一番変わったのは、説明するときのマインドだと思います。それまでは「いかに自分がうまく説明できたか」「自分がいい話ができたか」といったように自分のことばかり考えていました。

　しかし、**主役は説明する自分ではなく、聞く相手。**スポットライトを自分ではなく、相手に当てるようにすると打ち合わせやプレゼン、提案など、さまざまなことが好転し始めました。

説明の主役は、自分じゃなくて相手

聞き手が知りたいのは 「ビフォーアフター」

● 人は皆、変化を求めている

相手に合った「**切り口**」はどうすれば見つかるのでしょうか。相手の求める「**ビフォーアフター**」に合わせればいいのです。

「ビフォーアフター」とは困っていた状態（A）から、どう変化するのか（B）を表したものです。

「ビフォーアフター」がわかると、人は話を聞きたくなります。**なぜなら、人が一番知りたいのは、この「A→B」の変化の部分だからです。**

商品を購入するときも、商品そのものではなく「ビフォーアフター」を求めて買っています。

たとえば、缶コーヒーを買う場面をイメージしてください。あなたは眠気を覚ましたいとき、「コーヒーに含まれる成分そのもの」ではなく、「コーヒーを飲むことで眠気が覚める」という変化（効果）を期待して購入していませんか。

ほかにも例を見てみましょう。

商品を買うのは、「ビフォーアフター」を体験したいから

(例)経営塾に入る

離職率が上がっている(A)→離職する人を減らし、会社を拡大したい(B)

(例)ダンベルを購入する

以前よりも太った(A)→筋肉をつけたい(B)

人が何かを欲しいと感じるときは、すべて「変化したい」という感情が基になっていると思います。

欲しいのは商品ではなく、変化

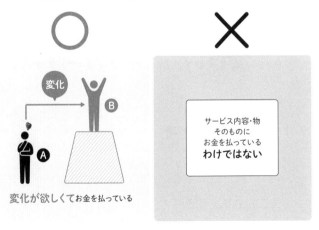

〇

変化

B

A

変化が欲しくてお金を払っている

×

サービス内容・物
そのものに
お金を払っている
わけではない

ですから、この「ビフォーアフター」によって、商品やサービスの説明を変えるのです。

　同じ英会話学校の説明をしていても、「英語に苦手意識がある（Ａ）→英語を楽しく学びたい（Ｂ）」という方には、クラス形式でワイワイ話せる部分を伝えるでしょうし、「忙しくて英語の勉強ができない（Ａ）→TOEIC700点以上取りたい（Ｂ）」という人には、マンツーマンの授業の魅力を伝えるでしょう。

　つまり、話す内容を「**ビフォーアフター**」**を達成するための手段として、説明するわけです。**

　すると、聞き手は説明されているテーマが自分の何に役立つのかを明確に理解できます。同じテーマの説明であっても、相手にとって「意味」が変わるから切り出し方で印象が変わるわけですね。

　ですから、**冒頭で必ず「ビフォーアフター」を伝えましょう。**

● メリットの罠に要注意

　ちなみに、私は商品やサービスの説明をするとき、メリットについてあまり語りません。なぜなら、メリットという言葉で表現すると、単なる長所の羅列で終わってしまうからで

す。28ページの例であった激辛カレー屋さんのメリットを見てみましょうか。

> 激辛カレー屋さんのメリット
> ・ほかのお店にはない激辛カレーが味わえる
> ・20年世界を放浪した店長が見つけたカレー
> ・海外から取り寄せている香辛料を使用
> ・サイドメニューのお蕎麦もこだわりの一品

　これをお蕎麦好きな人にすべて説明しても、「興味ないよ」と耳を傾けてはくれないでしょう。

　お蕎麦好きな人には、カレーの話よりも蕎麦を中心に話したほうがいいのは明らかですよね。

　ところがビジネス上の説明では、なぜかこういった一般的なメリットを語ってしまいます。ホームページなどは、不特定多数の方が見るので仕方がないですが、**説明するときは必ず「相手」がいるわけですから、話は柔軟に変えるべきですよね。**まず見つけるべきは「ビフォーアフター」です。そこから「**切り口**」が決まり、説明の展開もはっきりしてきます。

現状とゴールで
相手の頭を整理する

● ゴールがないから、わかりづらい

　何かを説明するときに「わかりやすさ」は必ず求められますよね。

　では、どうすればわかりやすくなると思いますか？

　ロジカルに展開すると答える方もいるし、図や写真を入れて、ビジュアル的に見やすくすると答える方もいるでしょう。どちらも正解ですし、さまざまな答えがあると思います。

　私はわかりやすくするには、**話し手と聞き手が同じ景色を見ること**が特に重要だと考えています。

　商品サービスの説明であれば、それを使うことでどんな「変化」が起きるのか。何かのテーマを説明する場合は、その話を聞くことでどんな「変化」があるのか。

　つまり、話し手と聞き手が「この説明はどこからどこまでの話なのか」を互いに認識しているということです。

　ですから冒頭に「ビフォーアフター」を話すと、**説明全体がわかりやすくなります。**

　何が言いたいかわからない説明は、だいたいゴールが不明確なんですね。

　たとえば、PRについて講演するとしましょう。

　自己紹介から始めて「PRとは、パブリックリレーションの略で……。今のトレンドはこうです。上手くいくためのポイントは12個あります……」というような説明になりがちです。

　しかし、話がどこに向かうかわからないので、とっ散らかった印象になってしまいます。

　聞く側が「どこまで話すんだろう？　結局なんなんだろう？」とピントを合わせられません。こういう場合、話し手自身も何をどこまで話せばいいわかっていないケースが多いんです。

　たとえば私が講演するときは「**このセミナーで手に入ること**」や「**とくにこんな人に役立つ内容です**」という話から必ず始めます。そう、「ビフォーアフター」ですね。

　　説明の最初に話す「ビフォーアフター」

　（例）PRに関する講演をする場合

　　ビフォー＝今まで自己投資してきても、中途半端で思っ
　　　　　　　たような成果が出ていない

アフター＝全くの未経験でも、PRによって売上前年比2
倍を目指す方法がわかる

**「ビフォーアフター」を最初に伝えることで相手の頭の中が
整理されます。** 始まりと終わりが明確になるからです。

「現在地」と「目的地」があることで、話し手自身も整理さ
れて説明の内容が明確になります。どうやってそのアフター
に行くのかのプロセスを話せばいいわけですから、取捨選択
もしやすくなり、「どの内容を話そうか」と迷うこともなくな
ります。

「ビフォーアフター」を冒頭に伝えると相手を惹きつけるだ
けでなく、お互いの目線を合わせる効果もあるんですね。

説明のゴールがあるから、わかりやすい

話し手　　　聞き手

自己紹介は、自分の経歴を語ってはいけない

●「なぜあなたが？」という疑問を払拭する

　悪い説明の例として「自己紹介が長すぎる」ということもよく言われます。たしかにそういう場面はあって、聞き手からすると「早く本題を話してくれないかな」「いつまで話すんだろう」と思いますよね。

　しかし、私は自己紹介そのものはそこまで悪いことだと思っていません。むしろ重要な要素だと考えています。

　ただ、自己紹介で伝えるべきなのは単純な経歴ではありません。**なぜ私が「ビフォーアフターを語れるのか」を伝えるのです。**言い換えれば、**裏付けを示す実績**ですね。

「ビフォーアフターを冒頭で話しましょう」と言いましたが、聞き手はそれだけでは完全に聞く姿勢になってくれません。ソフトバンクの孫さんやAppleのCEOといった著名な方であれば別ですが、「本当かな？」「なんで、あなたがそれを言えるの？」と疑問が生まれてしまうんです。そもそも、最初に実績を言わないと聞く耳すら持ってもらえません。

ここも例で考えてみましょう。仮にあなたが「10kg痩せるジム」に入会したとします。2人のインストラクターがいるようです。

- インストラクターA
  自分自身は10kgも痩せた経験がない
- インストラクターB
  10kgの減量経験あり。成功した生徒が30名ほどいる

　どちらにお願いしたいですか？

　もちろん、Bさんの方ですよね。Aさんがいかに効果的なノウハウを教えてくれたとしても「この人の言うこと聞いても意味あるのかな？」と信頼できません。情報に価値があっても、その人に信頼感がなければ話半分で受け取られてしまうんです。

　だからこそ、説明の前に裏付けを示す実績を必ず語りましょう。

● 知らない人の話は信用できない

　そもそも、信頼関係のない人の話は不安に感じるものです。

　たとえば、道端で知らない人から「ちょっといいですか？実は、いい商品があるんです」と話しかけられたら、「私を騙

そうとしているのかな」と警戒する人がほとんどでしょう。

　一方、信頼関係がある人からの説明であれば、そうは思いません。信頼している人の言葉には説得力がありますから、「この人の言うことなら信用できる」「この人に任せてみたい」「この人に力を貸したい」と思えます。

　そのために必要なのは、とにかく**実績**です。実績と聞くと「自分には人に言えるような実績がない」と思っている人もいらっしゃるでしょう。

　でも、心配しないでください。どんな人にも実績は必ずあります。実績のつくり方など、詳しい内容は第３章で解説していきます。

実績を話すと信用してもらえる

○

×

実績を話す

だから、
Aなんですよ。

へえー。
そうなんだ！

実績を話さない

だから、
Aなんですよ。

本当かな
……。

最初の1分のゴールは
「なんか面白そう」

● イメージは、映画の予告編

ここまでで、

- ・「どう言うか」よりも「何を言うか」の切り口が重要
- ・切り口は「ビフォーアフター」で見つける
- ・「実績」で相手に信頼してもらう

といったお話をしてきました。

「はじめに」でお話しした通り、説明は「最初の1分間」が勝負です。その1分間で、聞き手に対して「あなたが知りたいことをちゃんと話しますよ」と伝えて惹きつけるのです。

この段階では「もっと知りたい」「詳しい話を教えてほしい」と思ってもらえればOKです。 ここで内容の全てを理解してもらおうと考えないようにしてください。

1分間で話しきれないことは、惹きつけたあと、じっくりと時間をかけて説明すればいいのです。相手が知りたいこと

の要点のみを話せば十分です。映画の予告編のようなイメージですね。

ただ短い時間だからといって、「これを知りたいんだろう」と思い浮かんだことを、整理しないまま話し出す人がいます。たとえば、新商品を提案するとき、「今回ご紹介するのは、2023年に売上100億円以上を記録したリニューアル品で、いちばんの特徴はレンジ調理できることで、忙しい方でも手の込んだ料理をつくれるようになるんです」と思いついた順番に話し続けます。

しかし、「**ビフォーアフター**」「**実績**」**であっても理解しやすい順番に話さないと、内容を理解できません。**
結局、何も伝わらないまま勝負の1分間が過ぎてしまいます。短い時間だからこそ、聞き手が理解できる順番で話しましょう。

●魅力の詰まった要約を伝える

理想的な説明は、1分間で相手の心をつかみ、以降は質問をもらう流れをつくることです。

理想的な説明の流れ

①1分間で相手が知りたいことを話す

②聞き手が「もっと知りたい」「また会いたい」「なんだか
　面白そう」と感じる

③聞き手から「もっと教えて！」「私の場合はどうなりま
　すか？」と質問を受けながら、詳細を話す

④聞き手から「また会いましょう！」とアクションがある
　/こちらから具体的な提案を模索する

　先日も経営者が集う交流会で、大きな仕事のきっかけをつ
かみました。その一例が、初対面の田口さん（仮名）との会
話です。

田口さんとの1分間の会話

田口さん「企業向けにPR代行事業をされているそうです
　　　　　ね。実は今、PRに困っているんです」

　　　私「そうなんですね。どんなことにお困りなんです
　　　　　か？」

田口さん「広報担当者が退職してしまい、社内に知見がな
　　　　　くなってしまって。ただ、広報担当者を育成す
　　　　　る予算がありません。PRできる人ができるだけ
　　　　　早く必要なんですけど……」

　　　私「でしたら、PRパーソンをご紹介するサービス

　がありますよ。これまで、＊＊社の上場企業に
　もご紹介しておりまして……（ツカむ説明に入
　る）」
田口さん「あっ。そうなんですか。うちの会社で導入する
　なら、どんな感じになりますかね？」

　質問に答えながら概要を説明し「では、詳細は責任者と打
ち合わせをセッティングさせていただきますので」と言って、
次回の打ち合わせにつながりました。
　ポイントは、「実は今、PRに困っているんです」と聞いた
ときに深掘りしたこと。「PRに困っている」と言っても、さ
まざまな背景が考えられます。

・2年後に大きいメディアに出たいけどどうしたらいいか
　わからない
・担当者が離職してしまい、日常業務が滞っている

　この2つでは、田口さんの知りたい「**ビフォーアフター**」
が違うことがわかるでしょう。
　そこを間違えずに捉える。そして、そのビフォーアフター
を実現できる理由を語ればいいのです。そうすれば、聞き手
のほうから次のアクションを起こしてくれます。

「ツカむ説明」の6STEP

● 惹きつけるために、この6つを話そう

　説明の「ツカミ」の重要性に気づいてから、さまざまな切り出し方を研究してきました。その結果、私がたどりついたのが次の要素です。

ツカむ説明の型

STEP 1　一言

説明する要素を一言でわかりやすく話す

STEP 2　実績

信頼されるために実績や第三者からの評価を話す

STEP 3　ビフォーアフター

聞き手の知りたい「変化」を話す

STEP 4　特徴

テーマに関する、差別化ポイントを話す

STEP 5　ストーリー

テーマにまつわるドラマを話す

STEP 6　提案

聞き手に、次にしてもらいたい行動を提案する

STEP 1は「**一言**」です。ポイントは「今から何の話をするのか」、つまり話のテーマを理解してもらうことです。

STEP 2は「**実績**」です。これを伝えることでまず信頼してもらいます。

STEP 3は、第1章でお話ししてきた「**ビフォーアフター**」です。どのように変化するかを話すことで、「この説明は自分に必要だ」と思ってもらうのです。

STEP 4はビフォーアフターをさらに納得してもらえるように「**特徴**」を話します。ここでは差別化がポイントになります。

STEP 5は「**ストーリー**」です。より差別化されて聞き手の印象に残りやすくなります。

STEP 6で「**提案**」します。次の行動を提案することで、本題に納得した聞き手が行動を起こしやすくなります。

こんなに1分間で話せない……と思いませんでしたか？

大丈夫です。場数をこなせば必ず話せるようになります。実際、私の講座では最初は全く話せなかった人でも「ツカむ説明」ができるようになっています。

基本的には順番通りに話しましょう。ただし、最後まで順番通りに話すことよりも、聞き手が知りたい要素を重点的に話すことのほうが重要です。

たとえば、**聞き手がストーリーよりも特徴について知りた
がっているとします。その場合、ストーリーよりも特徴を話
すことに時間をかけましょう。**

　これまで繰り返してきた通り、説明は相手ありき。いきな
り質問を受けるケースだってあるでしょう。でも、あらかじ
めこの6つを言語化しておくだけで、説明の質は大きく変わ
ります。相手とのやり取りで「次に何を言うべきか」わかっ
てくるからです。

　少なくとも何を話せばいいのかわからずに、頭が真っ白に
なる状況はなくなるはずです。

　また毎回、全部を話す必要はありません。**説明している状
況や相手が知りたいことに合わせて、引き出しから取り出す
ように話せばいいのです。**

●「ツカむ説明」の使い方

　ここで「ツカむ説明」の使い方についてお話しておきま
しょう。

　実は、6STEPの前にやるべきことがあります。それは相
手のことを知って、聞きたいビフォーアフターを見つけるこ
とです。

　説明の良し悪しを決めるのは、相手でしたよね。相手が

「どういう人なのか」を知っている方が上手く話せるのです。相手とやり取りできる時間があるかどうかによって、「ツカむ説明」の使い方が変わります。

　大きくパターンは、2つあります。

・パターン①　1分間のプレゼン
・パターン②　30分以上のミーティング

「パターン①　1分間のプレゼン」は、テレアポやエレベーターピッチ、交流会などの場面が想定されます。このシーンでは、冒頭で相手と話す機会はほとんどありません。あらかじめ立てていた仮説で「ツカむ説明」をする必要があります。この仮説の立て方は第2章でお話ししていきましょう。

　このパターン①は、「ツカむ説明」の型が効力を発揮します。基本的には、6STEPに沿って話しましょう。

「パターン②　30分以上のミーティング」は、打ち合わせや営業面談などの場面です。

　この場合、基本的に自分が説明する前に雑談の時間がありますよね。その雑談から、説明の準備は始まっています。

　相手がどういう人で、何に興味があるのか？　できる限り把握しておきましょう。そして、それよりも大切なのが、信頼関係を築くことです。雑談のコツについても、第2章で詳

しく話していきます。

　このパターン②では、相手とやり取りしながら進めることができるので、冒頭に6STEPすべてを話さなくても大丈夫です。

「ツカむ説明」を終えてからメインの説明をする場合もあるし、「一言」「実績」「ビフォーアフター」「特徴」は最初に話してから「ストーリー」「提案」は後半でゆっくり話すこともあります。ここは、タイミングを見ながら各STEPに沿って話すといいと思います。ただ、冒頭には必ず「一言」「実績」「ビフォーアフター」を話すようにして、相手の心をツカむことは最低限行いましょう。

相手に合わせながら「ツカむ説明」をする

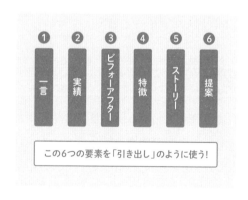

① 一言
② 実績
③ ビフォーアフター
④ 特徴
⑤ ストーリー
⑥ 提案

この6つの要素を「引き出し」のように使う!

この人には、ストーリーを多めに話そうかな

なぜ説明の「型」が重要なのか

● 試行錯誤して見つけた、惹きつける話し方

　説明が苦手な人でも使いやすい型にするためにいろいろと工夫しました。

　私が「型」にこだわるのは理由があります。広報・PRセミナーでよくあるのが、第一線で活躍する講師が「こんなふうにしてPRを成功させました」と自らの成功事例を話すことです。

　しかし、その方法はあくまでも一例であり、すべてのケースに当てはまるとは限りません。

　また、PRは専門性が高いスキルで、経験を積んだベテランのPRパーソンだからこそ、「どの段階で何をして、そこで何を話せば効果的なのか」がわかります。初心者の方はそれがわからないので、ベテランの事例を聞いても、どういかせばいいのか悩んでしまうでしょう。

　以前、私も自分の成功事例をお話しして、「電話でアポイントメント（約束）を取って、メディアの人に会いに行き、

直接プレゼンしましょう。そうすれば、メディア掲載を獲得できますよ」とお話ししていました。

　しかし、皆さんの成果には全くつながりませんでした。詳しく話を聞いてみると、どう話していいかわからないので、電話することを恐がったり、プレゼンまで進めても興味を持たれなかったりして、落ち込んでいる方ばかりだったのです。
　その姿を見ながら、「私は皆さんの夢を叶えるお手伝いがしたいのに、落ち込ませる方法を教えているのかもしれない」と悩みました。そして、「私が今まで培ってきたノウハウを誰でも成果が出る型にしよう」と思い至ったのです。
　そこから人前で話すことが苦手な方でも「この方法ならできる！」と言ってもらえる型になるまで、何度も修正を繰り返しました。そして7年で約8000人に伝えた経験をもとに、誰でも上手く伝わる型にたどり着いたと自負しています。

　まず、この型をマスターして説明の場に臨んでみてください。**「あれ、今までと違う」「伝えることって楽しいかも」と思える状態になれば、こっちのものです。**徐々に状況に応じて型をアレンジできるようになります。
　では、基本編はここまでにして、次章からはどう実践していくかをお話ししていきます！
　自分が話すときをイメージしながら、読み進めてください。

第 **2** 章

【説明の準備】

説明が上手い人は、
話す前に聞いている

「ビフォーアフター」の仮説を立てる

● 相手がどんな人か本当に知っていますか？

ここから、実際に説明するステップについてお話ししていきます。

まずは、説明する前の準備です。情報を集めて、一番大切な「ビフォーアフター」に関して仮説を立てましょう。

準備といっても綿密に調査して……という感じではありません。

私の場合は、10分くらいでサッと調べます。かつては2時間くらい調べていたのですが、情報を仕入れるほど「あなたは＊＊が知りたいんですよね」と決めつけてしまう経験があったのでやめました。情報収集には、そこまで時間をかけないようにしてください。

下調べとしては、「説明する相手が誰なのか？」を確認しましょう。社内の上司なのか、部下なのか。どこを重視する人なのか。社外であれば、「どういう会社で働いていて、何に困っているのか？」を探っていきます。

公式のホームページでは、とくにニュース情報をチェック

しましょう。企業のアクティブな動向がわかります。会社の
X（元Twitter）やInstagramなど、SNSも何が旬のテーマな
のか、何に関心があるのかを知るために見ておくといいと思
います。

● 仮説はこう考えよう

**「ビフォーアフター」の仮説を立てるには、説明する相手が
困っている状態（ビフォー）から、どのように変化するのか
（アフター）をイメージしてください。**事前に悩みやニーズ
を把握できていればベストですが、情報がなければその人が
困っている状態（ビフォー）の仮説を立てましょう。

　そこで、あなたが説明したい内容がどう役に立つのか？
を考えるのです。

　まず「相手が何に困っているか？」を考えましょう。それ
によってテーマすら変わる場合があります。
　たとえば私の場合は、PR代行事業、PR塾と２つの事業を
行っています。
　交流会などのフリートークであれば、話している相手が、
「PRに困っている」のであればPR代行事業を説明しますし、
「PRのスキルが伸びずに悩んでいる」のであればPR塾につ
いて説明するでしょう。

相手が知りたいことに合わせて、説明のテーマすら変える
わけです。

　テーマが決まった、もしくは説明するテーマがすでに決
まっている場合は、「**アフター**」を考えます。**アフターによっ
て説明の切り口が決まります。**

　たとえば、PR代行事業の説明をするとしましょう。

　同じPR代行の話をするにしても、社長が３年後に『情熱
大陸』に出たいのか、PRの部署の業務を滞りなく進めたい
のかによって、説明の仕方は変わります。「特徴」も「ストー
リー」も「提案」も変わるのはわかりますよね。

　**それは「アフター」によって、変化のプロセスが全く違う
ものになるからです。**この悩みと変化のプロセス、どちらか
一方がズレると相手にとって納得できない説明になってしま
うんですね。

　ここで、もうひとつ例を見てみましょう。たとえば、あな
たが最近腰痛で悩んでいるとします。同じジムの説明だとし
たら、どちらの話をもっと聞きたいですか？

　　説明①「パーソナルトレーナーが、２カ月で筋肉質なカラ
　　　　　ダに変えます」
　　説明②「腰の痛みに効果のあるストレッチ講座があります」

もちろん、知りたいのは②ですよね。

皆さんが商品サービスを説明するときにも、もちろん効能や解決策を説明していると思います。ただ、先ほどの「説明①」のように相手が求める解決策とズレていることが少なくありません。

ここまで聞いて、「正しい仮説を立てるのは難しそう……」と思ってしまった方もいるかもしれません。でも大丈夫です！　この時点での仮説が相手の「知りたいこと」にピッタリ合っていることは稀なケースと言っていいでしょう。

ここから相手にピントをどう合わせるかをお話ししていきます。

アフターで「切り口」が見つかる

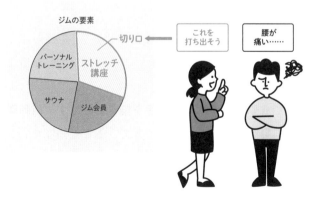

説明する「前」こそ、最大のチャンス

● 目的を持って、アイスブレイクしよう

では、ズレない説明をするためにどうすればいいか。

説明する前、本人に聞けばいいのです。

打ち合わせでは、実際に説明する前にちょっとした時間がありますよね。通常は世間話をしたり、雑談をしたり、いわゆるアイスブレイクと呼ばれる時間です。私は、その時間を大切にしています。なぜなら、**相手から知りたいことを直接聞ける貴重な機会だからです。**

ただ初対面の人に「課題はなんですか？」「将来、なりたい姿はどういう形ですか？」といきなり聞いてもなかなか本当のことは教えてくれません。

そこで有効なのが、**信頼関係を築くことです。**信頼関係があれば、警戒心をとくことができて、本音で知りたいことを教えてもらえます。

● ヒアリングしないとわからないこと

「わざわざ信頼関係を築かなくても、聞き手が知りたいことはある程度予想できているから、上手く提案できる」と考える人もいるかもしれません。

　しかし本音を引き出してみると、本当に知りたいことが予想とはズレていることがよくあるのです。 私がそのことを実感した出来事があります。経営者の塩田さん（仮名）にプレゼンしたときでした。

　塩田さんとは、ある交流会で知り合いました。「PRに興味がある」と仰っていたので、もっとお話ししたかったのですが、その日は十分な時間がなく「今度ぜひ一緒にお仕事しましょう」とだけご挨拶して、後日会うことになりました。

　塩田さんの会社と契約したかった私は、企業情報を綿密に調べた上で「＊＊に困っているはずだから、こんなサービスを必要としているだろう」と予想して、大掛かりなビジネスプランを作成しました。

　そのプレゼン資料を持って、塩田さんに「前回の交流会ではありがとうございました。御社にぜひおすすめしたいサービスがありまして……」とわかりやすく説明したのです。

　ところが、反応はイマイチでした。「笹木さん、ありがと

うございます。ちょっと検討しますね」と言われたまま、話が先に進みません。そうなったのは、私が予想した「ビフォーアフター」が外れていたからです。

本来は説明する前に「何に困っているのか」「どんなサービスに興味があるのか」をじっくりヒアリングする機会を設けて、本音をつかんだ上で、塩田さんの知りたいことを話すべきでした。

そうすれば、「この商品を世の中に広めたい」「PRの部署を立ち上げたい」というビフォーアフターが聞けたはずなのです。ところがその大事なステップを飛ばしてしまいました。

このように、本当に知りたいことがズレていると、いくら上手く話せても興味を持ってもらえないんですね。

打ち合わせなどの場では本音で知りたいことを教えてもらえるように、信頼関係を築くステップは省略しないようにしてください。

本音を聞くための雑談の型

●雑談にも実は「型」がある

　初対面の人と信頼関係を築くためには「**雑談**」が有効です。

　雑談を重ねて、お互いについて知っていることが増えたり、共通点が多いことがわかったりすると親近感を覚えますよね。**すると、「この人の言うことなら信用できる」と信頼してもらえるようになるのです。**

　とはいえ、私も雑談はそこまで得意なほうではありません。ですから、かつては何を話したらいいかわかりませんでした。

　しかし、信頼関係を築くための雑談にも型があることがわかってきました。

　それが次の３つのステップです。

　信頼関係を築くための雑談の型

　STEP 1　仕事内容、相手の人となりに関して質問する

　STEP 2　褒める／共通点を見つける

　STEP 3　相手の本音を探る

「雑談」と聞くと、会話が苦手な人は難易度が高いと感じるでしょう。しかし、難しく考える必要はありません。これからご紹介する、ちょっとしたコツを実践すれば、本音を引き出す雑談を身につけることができます。

「型」があると雑談もうまくなる

•雑談の型• STEP 1

仕事や人となりに関して質問する

● まずは世間話からでOK

事前に調べた情報をもとに、話を膨らませたり、共通点を話したりして雑談してみましょう。事前に調べられないケースでは、その場でホームページを見ながら話すのも有効です。

情報をもとに、話を膨らませる

「ホームページには＊＊と書いてありましたが、具体的にはどういうお仕事をされているんですか？」

情報をもとに、共通点を話す

「御社と同じエリアに、弊社の支店もありまして」

当たり障りのない話から雑談を始めましょう。そのとき、相手が着ている洋服、オフィスの様子など、見たままのことを口にするだけでも雑談になります。

たとえば、フリーアドレス（オフィスで自分の好きな席で

働く ワークスタイル) を導入している企業を訪問したら、「御社ではフリーアドレスなんですね。いつから始めたんですか?」と無難な会話から始めます。

　雑談のよくある失敗としては、いきなり重たい質問をしてしまうことです。たとえば「なんでその会社入ったんですか?」や「そもそもなんでその仕事始めたんですか?」という質問ですね。相手の心が開いていない段階で、そんな質問をされても困ってしまいます。「なんで、そんなこと答えなくちゃいけないの?」と逆に反発してしまうんです。まずは世間話からでいいと思います。

● 名刺から雑談のネタを見つける

　プレゼンでは話し相手が決まっているので、情報収集しやすくなります。一方、誰が来るのかわからない異業種交流会やセミナーでは、初めましての人と話すことも多く、情報収集するのは難しいですよね。

　その場合、受け取った名刺から雑談に使えそうなネタを見つけましょう。たとえば、名刺に「プランナー」と書いてあったら、その情報をもとに話していきます。

名刺から話を広げていく

- 「プランナーさんなんですね。どんな業界を担当されて
  いるんですか？」
- 「なるほど、イベントを主にご担当されているんですか。
  実は、うちの会社でも」

　このようにして話を膨らませたり、共通点を見つけたりし
てください。

　ただ、このSTEP 1 が 5 分も 10 分も続くと相手も「何の時
間だろう？」と思ってしまいますので、大体 1 分くらいで切
り上げるようにしましょう。

共通点を見つける／褒める

●共通点を見つけて、心を開いてもらう

　雑談している中で共通点を見つけたら、自分からも話していきましょう。「会社、愛知なんですね。私も愛知出身で」「名刺格好いいですね、この柄私好きなんですよ」というところから、会話を続けていきます。

　共通点を見つけて雑談するのは、単純に仲良くなるためではありません。**「心を開いても大丈夫ですよ」というメッセージを送るため**です。相手との間に築かれる信頼関係をラポールと呼びますが、こういったやり取りをしてラポールをつくるほうがビジネスは円滑に進むというのが私の実感です。

●素直にいいと思ったところを褒める

　褒め上手になると、より信頼関係を築きやすくなります。相手は褒められたことで、承認欲求（他者から認められたいという欲求）が満たされて、あなたに対する信頼感が高まるからです。

たとえば、「どんな仕事をしているんですか?」と質問し、わからないところ、素直に思ったことをコメントする。「すごいな」と思ったところを詳しくフィードバックする。個人的に興味を持ったポイントを話すのも喜ばれます。

ここで気をつけたいのは、おべっかは使わないこと。社交辞令は不要です。

説明の準備

本心でいいと思ったことを褒める

- 「そのメガネを選ぶのって、センスがありますね」
- 「SNSの写真もオシャレですよね」
- 「前回お会いしたとき、周りの方へのお気遣いが素敵でした」

純粋な気持ちを伝えるようにしましょう。そうすれば、相手との距離が近づきます。

雑談するときは「あなたに興味があります」というリスペクトの感情がとっても大切です。

最初、相手がこちらに興味がなかったとしても、「しょうがないな」と答えてくれます。本気で相手に興味を持つことは、すごく大事なスキルだと思います。

● リスペクトしながら、友達のように接する

　また、相手を尊重しながらフランクに雑談することで、信頼関係を築きやすくなります。

　社会人になると、ビジネスマナーとして「〜さん」「〜社長」と敬称をつけて話すことが当たり前になります。しかし、そういう話し方をすると、相手は「距離感が遠い」と感じて安心できません。そこで私は「あなたに対してオープンマインドになっていますよ」と伝えるために、**友達のように接することを心がけています。**

　たとえば、飲み会の席では、相手に了解を取った上で、「〜さん」という敬称ではなく、お互いにニックネームで呼び合うようにする場合もあります。すると、楽しく雑談ができますし、気を許せる関係性になりやすいからです。私の場合は「イクちゃん」と呼んでもらうようにしています。

　こうしてフランクに話せる仲になれたら、その状態をキープできるように心がけています。

　交流会での雑談ではフランクに話せていても、プレゼンや交渉の段階に入ると、かしこまる人は少なくありません。ビジネスマナーとして、そのほうがいいと考えるのでしょう。

しかし、それまでと違う態度を見た相手は、「何か売り込まれるのではないか」と警戒し始めます。そうすると、心を開いてもらいにくくなってしまうのです。

そうならないように、フランクに話しているときのテンションのまま接するようにします。

繰り返しになりますが、ポイントは**ただフランクに接するのではなく、そこに相手を尊重する気持ちがなければいけないということです。**

「あなたを理解したい」「あなたと親しくなりたい」という気持ちを心に留めながら雑談すれば、必ず心を開いてもらえるはずです。

相手の本音を探る

● 魔法の言葉「ちなみに」を活用する

「だいぶ心を開いてくれているな」と感じたら、聞き手の知りたい「ビフォーアフター」を探っていきましょう。私は次のような質問をすることが多いですね。

知りたいことを深掘りする質問

・「今、困っていることはありますか？」
・「これから注力したいのは、どの事業ですか？」

本音で知りたいことを話してもらうには、気分よく話してもらう必要があります。そのためには、聞き手の話に理解を示しながら、会話が広がる質問をしましょう。

でも、「ビフォーアフター」に関わるような質問は切り出しづらいですよね。

そういうときに私が使うのが「**ちなみに**」という接続詞です。これを使うことで、「あなたの話を理解しましたよ。今の話に補足して、さらにもう少し聞きたいことがあります」

というニュアンスが伝わり、自然と知りたいことを深掘りできます。

> 「ちなみに」を使った質問の仕方
>
> 聞き手　最近オフィスを移転したんですね
>
> 話し手　そうなんですよ。スタッフも増えてきたので、手狭になってしまいまして
>
> 聞き手　そうだったんですか。**ちなみに、今困っていることはどんなことですか？**

　この流れで**自分が仮説として持ってる「ビフォーアフター」に興味があるか聞いてみましょう。**

　ズレていなければ、そのまま説明に入ればいいですし、異なる回答だったらその「ビフォーアフター」に合わせて説明をすればいいわけです。

　下調べのときに触れた、相手の公式ホームページの「ニュース」や「お知らせ」もヒントになります。そこを見れば、相手企業の関心事を把握できるからです。

　たとえば、健康器具メーカーにプレゼンすることになったとします。

　ホームページの「お知らせ欄」を見てみると、スポーツイベントについて何度も書かれています。「この市場に興味が

あるのかもしれない」とわかるので、「ちなみに、今後スポーツイベントの市場にも進出されるんですか？」と質問すればいいわけです。

ちなみにで切り込むとうまくいく

あっ
それはですね…

「ちなみに」…

「ビフォーアフター」を腹落ちさせる

●アフターからの景色を見せる

ここまでの方法を使って、聞き手の知りたい「ビフォーアフター」（どのように変化するか）がわかりました。

次に、変化したあとの景色をイメージしてもらいましょう。**「アフターの地点からの景色」**を見てもらうのです。その結果、聞き手は「こんな未来が待っているかもしれない」とワクワクして、それを手に入れたい欲求が高まります。

たとえば、キャリアアドバイザーが転職希望者と面談するときは、次のように話すといいでしょう。

転職希望者との面談
（キャリアアドバイザー：話し手、転職希望者：聞き手）

話し手　なるほど、転職活動しようと思っているんですね。ちなみに、転職活動をして、今後もずっと社員として働きたいのか、将来的に独立したいと思っているのか、どちらでしょうか？

聞き手　将来的には独立したいんです。ただ、そのため
　　　　のスキルが足りなくて、会社員として働きなが
　　　　らスキルを身につけていますが、今のお給料で
　　　　は生活できず、転職を検討しています。

話し手　であれば、あなたが今、副業でお手伝いしてい
　　　　る企業さんで正社員として働きながらPRで会社
　　　　を拡大して、社長さんに喜んでもらえたらワク
　　　　ワクしますか？

聞き手　それできたら嬉しいです！

　こんなふうに「**ビフォーアフター**」がわかったあと、「**アフ
ターの地点から見える景色**」をイメージできそうな質問をし
てみましょう。その結果、聞き手がワクワクできれば、提案
を受け入れてもらいやすくなります。

●「ビフォーアフター」を見つける時間がなかったら

　このようにして、説明前のアイスブレイクの時間で知りた
いことを深堀りしていきます。私が30分プレゼンをする場
合、約10分は相手に質問する時間に使います。

　ただ、知りたいことがわからないまま、説明しなければい
けない場面もあります。

たとえば、大勢の前でスピーチする講演会。司会者に紹介されたら、いきなり話し始める必要があるので、聴衆に知りたいことを確認する時間はありません。

そこで、あらかじめ主催者に、「どんな人が、何の目的で講演会にやってくるのか」を確認しましょう。その情報をもとに知りたいことを予想します。

また、30秒や1分でプレゼンする、いわゆる「エレベーターピッチ」と呼ばれる場面でも、「ビフォーアフター」を見つける時間はありません。

その場合、まず事前情報から予想した知りたいことを聞いてみて、聞き手の反応に合わせて柔軟に対応しましょう。説明が始まったあとでも、相手の反応を見ることで軌道修正が可能です。詳しくは終章でお伝えします。

では、いよいよ第3章から「ツカむ説明」の実践編に入っていきましょう。

第 **3** 章

【STEP 1 一言】
何を説明するかを
わかりやすく
伝える

Q1

最初の一言、
伝わるのは
どっち？

A

「日本の女性を輝く笑顔に
変える会社です」

B

「女性専用ホットヨガスタ
ジオを運営する会社です」

私が考える答えは、B。
詳しくは、93ページで説明します。

わかりやすい
「一言」から始める

● 最初の一言がないと、理解できない

　ここからは、6つの要素を具体的に解説していきます。

　ひとつ目の要素は「一言」です。やりがちな間違いは、最初から詳細を語りすぎて「何の話をしているんだろう？」と聞き手が理解できないことです。

　商品サービスの特徴から話してしまうと、こういった状態になってしまいますので要注意です。

　聞き手に瞬時に理解してもらうために、あなたの商品・サービスをわかりやすく一言にしましょう。その一言で、聞き手に「これからどういう話をするのか（話のテーマ）」を理解してもらうのです。

　次の2つの例を見てください。

> A「これからお伝えするサービスは、百貨店に並ぶような
> 　ブランドの服を利用できるものでして、利用人数は
> 　〇〇万人を突破しており……」

　B「私たちの洋服のレンタルサービスについて説明します。
　　サービスは、利用人数は〇〇万人を突破しており、百貨
　　店に並ぶようなブランドの服を利用できて……」

　Aの例だと、**聞き手は「何について話しているのだろう？」とテーマがわからないまま聞くことになります。**

　そして、「これは百貨店のサービスについて話しているのかな？」「いやいや、クリーニングサービスについて話しているのかもしれない」といろいろと考えながら話を聞くことになります。

　その状態で聞き続ければ、話の展開がわからないまま終わってしまうでしょう。

　Bの例のように最初に一言あるだけで、聞き手は「なるほど、これから説明されるのは、洋服のレンタルサービスのことなんだ」と理解できます。**話の予測ができるので、そのあとの説明を理解しやすくなるのです。**

　聞き手が話についていけるように、まず一言でわかりやすく話しましょう。

●一言目は、基本同じものを使う

　私もこの「一言」をフルに活用しています。今まで手掛け

てきた商品・サービスを次のように表していました。

> 商品を一言で話す
> ・エアウィーヴ→快眠高反発マットレスの製造販売
> ・バーミキュラ→日本製の鋳物ホーロー鍋の製造販売
> ・PR塾→無名を有名にする方法が学べる長期PR講座

　ちなみに、この一言が使える場面はたくさんあります。自己紹介の場面や異業種交流会だけでなく、名刺やホームページ、営業資料のプロフィール紹介を作成するときにも便利です。

　それぞれの場面で、一言の内容を変える必要はありません。「このサービスは＊＊です」というわかりやすい一言があるだけで、聞き手はスムーズに理解できます。ここでは他との差別化は意識せずに、何について話すかを理解してもらうことを優先しましょう。相手にあれこれと考えさせず、直感的にわかることが大切です。

わかりやすい「一言」をつくる

● 一言をわかりやすくする４つのポイント

「一言」なので簡単に思えるのですが、実は意外な落とし穴があります。それは要素を詰め込みすぎてしまうことです。

　次の４つのポイントをおさえれば、わかりやすい一言をつくることができます。

①最後は「名詞」で終わらせ、１行で表現する

　わかりやすい表現のために、一言の最後は名詞で終わらせましょう。

　よくやりがちなのが、ビジョン（展望・理想像・未来像）を見せようとして、説明のテーマがわかりづらくなることです。

　ビジョンを伝えようとすると、一言の最後が動詞で終わりがちです。すると、聞き手は「つまり、どんな商品やサービスなんだろう？」と理解できません。そうならないように、最後は名詞で終わらせ、１行で表現してください。

一言

（例）スポーツジム

×「高齢化社会の中で、健康寿命を伸ばすことに貢献します」

○「健康寿命を伸ばす効果を期待できるスポーツジムです」

（例）セミナー

×「日本の女性の起業をサポートしています」

○「日本の女性の起業をサポートするビジネスセミナーです」

このように言い換えれば、話のテーマがわかりやすくなります。

②実態を表現する

または、ビジョンを語るのではなく、実態のみで表現するとわかりやすくなります。

実態のみで表現する、わかりやすい一言

×「女性が笑顔になる会社です」

○「愛知県にある女性専用のウォーキングスクールです」

「愛知県」「女性専用」「ウォーキングスクール」は、すべて

実態があります。それを組み合わせることで、具体的に何をする会社なのかわかります。

　キャッチーな言葉にする必要はありませんから、わかりやすさを重視してください。

　87ページの「伝え方クイズQ1」の答えが「B」だったのは、ビジョンではなく実態を表現しているからです。

③主力商品1つに絞って伝える

　説明するテーマは、1つに絞りましょう。

　複数の商品を扱う会社の紹介では、「コピー機やデスク、椅子、ホワイトボードを扱っている会社です」という一言になりがちです。しかし、それでは聞き手が混乱します。そこで、事業内容を話しましょう。

　　一言で事業内容を話す

　　×「コピー機やデスク、椅子、ホワイトボードを扱っている会社です」

　　○「オフィス用品を扱う会社です」

　ただ、こうすると印象に残らないことがあります。

　たとえば、猫に関わる商品を多数展開している会社があるとして、次のように一言で表したとします。

×「A社は、猫に関わる商品を扱う会社です」

しかし、これだと抽象的になるのでイメージしづらく、印象に残りません。そこで、主力商品を1つに絞った一言にします。

〇「A社は、猫用シャンプーを販売している会社です」

こうすれば、商品を具体的にイメージできるようになり、聞き手の記憶に残ります。

④差別化は不要、わかりやすさが重要

最初の一言で差別化しようとしてはいけません。わかりやすい表現を心がけましょう。

同業他社と差別化しようと、一言に特徴をたくさん入れたくなるかもしれません。しかし、そうやって差別化すると長くなるので、重要なポイントがわかりづらくなります。

一言目に差別化しようとすると、わかりにくくなる

×「メイドインジャパンで、密閉性も高く、湿気にも強い
　窓枠サッシです」

〇「日本製の窓枠サッシです」

　上の例では「売りはメイドインジャパンなの？　密閉性の高さなの？」と混乱するでしょう。

　ですから、差別化したい気持ちはぐっとおさえて、シンプルな一言を意識してください。「一言では差別化しない」と割り切って、わかりやすい表現を心がけることです。

　また、専門用語は使わないようにして、テーマに詳しくない人でも理解できるようにしましょう。

> 専門用語は使わず、わかりやすい一言にする
>
> ×「完全パッケージ*で納品するYouTube動画編集サービスです」
>
> ○「すぐにアップできる状態でお渡しするYouTube動画編集サービスです」
>
> *放送や配信が可能な完成品のこと

　この４つのポイントを意識すれば、わかりやすく印象に残る一言になります。

✓ とにかくわかりやすい一言にする

✓ 動詞での紹介はNG。必ず名詞で終わらせる

✓ テーマを絞って、実態を伝える紹介にしよう

✓ 最初は差別化ポイントを言わないほうがいい

WORK SHEET

Q1 あなたのサービス・会社の主力商品は何ですか？

Q2 あなたのサービス・会社を一言の名詞で書いてみてく
ださい。

第 **4** 章

【STEP 2 実績】

信頼されるために 「第三者の評価」を 話す

Q2

より話を
聞きたくなる
実績なのは
どっち？

A

「PRプロデューサーの笹木郁乃です。これまで
PR顧問先1600件、合計5000回以上メディア
露出実績があり、そのノウハウをいかしながら
現在PRをお伝えする『PR塾』を開講しており
ます」

B

「PRプロデューサーの笹木郁乃です。PRに必
要な土台づくりのためのポジショニング、認知
活動、商品PR、SNS、メディアPRなどさまざ
まなことを学べる『PR塾』という講座を行って
います」

私が考える答えは、A。
詳しくは、105ページで説明します。

「第三者の評価」で
聞き手を惹きつける

● その人の実績や業績が「話のツカミ」になる

　一言の次に話すべきなのは「実績」です。**実績とは、第三者がいかに話すテーマやあなたの商品を評価しているか。つまり、実際の成績や業績のことです。**具体的には以下のようなものを指します。

　実績の具体例
　（例）オーダーのシューズ
　「プロ野球球団はじめ、多くのプロスポーツチームの方々にも愛用されているスポーツシューズです」
　（例）美容液
　「初回発売分３万個が７日間で完売した美容液です」

　実績を話すことで、「この話を聞いてみたい」と思ってもらえます。いわゆる、「ツカミ」の役割を果たします。
　人の気持ちを惹きつける話し方のプロといえば、落語家です。落語家は、いきなり本題に入らず、「マクラ」と呼ばれる

世間話や本題と関連する小咄（こばなし）を話します。そうすることで観客を惹きつけ、落語の世界に引き込んでいくわけです。落語と同じように、実績を話して「この話は聞く価値がある」と判断してもらいます。

● 大勢からの支持が、聞き手を惹きつける

実績を話すと、なぜ「この話は聞く価値がある」と思ってもらえるのか。その理由は、**実績が聞き手にとってもっとも信頼できる情報だからです。**

実績は、自分一人ではつくれません。第三者に評価されることで、初めてつくることができます。

実績とは、いわゆる「第三者の評価」のこと。それを聞いた人は、興味がなかったことに対しても、「これだけ多くの人に支持されているなら、詳細を聞いてみようかな」「そんなに実績があるのなら、きっとすごい人なんだろう」と興味を持てるようになります。

たとえば、メディアの人に「多汗症」についてプレゼンすることになったとしましょう。

多汗症とは、体温調節に必要な量以上の汗をかいてしまい、日常生活に支障が出る症状のこと。多汗症になったことがなく、当事者意識が持てない人だと、他人事として聞き流して

しまうと思います。

　そこで、「アンケート調査の結果、実は＊＊％もの人が多汗症に悩んでいることがわかりました」とアンケート結果（実績）を話します。

　すると、メディアの人は「多汗症って初めて聞いたけど、世の中にこんなに悩んでいる人がいるんだ。それなら、ニュースにしたほうがいいかもしれない。詳しく話を聞いてみよう」と前のめりになれます。このように、実績には聞く耳を持たせる効果があるのです。

　ところが、実績ではなく、特徴から話し始める人がよくいます。特徴を理解してもらえば、興味を持たれるはずだと思うのでしょう。しかし、そもそもテーマ自体に興味がないと、特徴を聞こうとは思えません。

　以下の例を見てください。

　特徴よりも実績を話す
　×「日本製の鋳物ホーロー鍋です。日本の職人が一つひとつ、丁寧につくった鍋。究極の密閉性により、素材本来の甘みを逃しません。充実のレシピブックが無料でついているので安心です。無料でアフターサービスも充実。オリジナルのネーミングサービスで、世界で唯一の鍋もつくれます」

○「日本製の鋳物ホーロー鍋です。最大15カ月待ち、現在8カ月待ちの品薄状態が続いているメイドインジャパンの鍋です。人気の秘密は、日本の職人の技術による究極の密閉性により、素材本来の味を世界一引き出すといわれるのが特徴です。三ツ星シェフから一流ホテルの料理人、料理が得意な芸能人までこぞって愛用する幻の鍋です」

特徴よりも実績から話したほうが、惹きつけられますよね。実績から話すことで、聞き手がこの後の説明（ビフォーアフター・特徴・ストーリー）に前のめりになる効果もあります。

実績

これはこういう実績があって特徴は……

もっと話が聞きたい……！

● 実績は後々効いてくる

ツカむ説明を話したあとも実績が役立ちます。

とある商品に関して「Aだった人がBになります。なぜなら、こんな特徴があります。なぜ、これを始めたのかというと、こういうストーリーがあるからです」という説明を聞いた人は、「求める変化が得られる商品なんだけど、値段が高いから買うかどうか悩むなあ」と思うかもしれません。ここで、実績が効いてきます。

第三者の評価である実績は、信頼感や安心感につながります。

素晴らしい実績を聞けば、「これだけの人が使っているのなら、安心して使えそうだ」「一流の人が使っている素晴らしい商品なのだろう」と思うでしょう。その結果、購入を決めるかもしれません。

つまり、実績は意思決定の決め手にもなります。ですから、聞き手の判断に役立つ実績を話してください。

聞き手の判断に役立つ実績を話す

・「モデルの〇〇さんも愛用しています」
・「３カ月間で売上を50％増加させました」

また実績を話すことで、ストーリーがより際立ちます。

　素晴らしい実績を話したあと、ストーリーで失敗体験や苦労話をしたとします。すると、そこにギャップが生まれて、印象に残ったり共感されたりするストーリーになるのです。

　　実績とストーリーのギャップ
　　実績　「上場企業はじめ1600社以上をPR顧問サポートし
　　　　　　てきたPRプロデューサー笹木郁乃です」
　　ストーリー　「元々自動車の研究職でした。しかし……」

　実績によって、相手の心をつかむことができ、この後に続く説明の効果がより高まります。ですから、一言のあとは何よりも先に「実績」をアピールしましょう。
　99ページの「伝え方クイズQ2」の答えが「A」だったのは、内容よりも実績を先に話しているからだったんですね。

どんな商品にも
必ず実績はある

●「人気」を表す実績をつくる

　実績からアピールすると知って、「いやいや、人様に話せるような優れた実績がないのですが……」と悩む人もいるでしょう。心配しなくても大丈夫です。**実績とは、つくるものだからです。**

　どんな人や商品でも、何かしらの実績を持つことができます。2つの視点で実績を考えてみましょう。

　そのひとつが、人気を表す実績です。「売れていること」「支持されていること」が伝わる実績を探してみてください。

　人気を表す実績があれば、信頼感や安心感を与えることができます。

　人気を表す実績

・「販売開始30分で満席の講座」

・「プロスポーツ選手も愛用」

・「大学や企業でも研修を実施」

・「1〜15期満席」
・「これまで4000人が受講」
・「＊＊社、＊＊社はじめ多くの企業と契約」
・「インフルエンサーの＊＊も愛用している」

　新規事業の立ち上げや創業したばかりの頃だと、人気はすぐに得られないと思います。それでも、**工夫次第で人気を表す実績をつくることは可能です。**

　実際、私がPRプロデューサーとして独立するまでの副業期間、どうやっていたかをお話ししましょう。

　実績がほとんどなかったので、まず利益を求めることよりも多くの方にコンサルティングを体験していただき、たくさんの実績を積みたいと思っていました。

　そこで、利用者を増やすために、コンサルティング料をあえて低価格で設定することに。その上で、毎月のお客様の定員の枠を決めました。そして枠が埋まったら、SNSで満席になったことをすぐ告知するようにしたのです。

　当時は本業との兼ね合いもあり、1カ月に対応できるのは6〜8名です。すると、比較的早い段階で2カ月目まで満席となるので、「3カ月先まで満席です」と告知できます。

　その告知を見た人から「予約のとれないPRコンサルタント」として認知され、申し込みが増えていきます。それを地

実績

道に繰り返した結果、依頼してくださる方が増えたのです。

　このように「定員の枠」を決めることで、事実をもとにした実績をつくることができます。

●「結果」を表す実績をつくる

　もうひとつは、結果を表す実績です。「結果が出たこと」が伝わる実績を探してみてください。

　　結果を表す実績
　・「受講後、受講生が＊＊に合格」
　・「使用したら、＊％の人が＊＊できるようになった」
　・「こんなに生活がラクになった」というお客様の声
　・「受講生の就職率90％」
　・「受講生の＊％に彼氏ができた」

ちなみに、「過去の経歴」や「経験」も結果を表す実績です。

　　過去の経歴や経験を示す実績
（例）心理カウンセラーを始める人
　・「大学で心理学を４年間専攻していました」
　・「これまでに読んだ心理学の関連本は300冊あります」

（例）料理教室を始める人

・「20年間、一日も欠かさず家族に手づくり料理をつくり続けています」

・「家族から『お母さんの料理は美味しいから外食には行きたくない』と言われます」

努力や人となりが伝わる実績を話せば、信頼を得られるでしょう。

結果を表す実績は、最初は小さなものでも構いません。実績は一度つくれば、なくなるものではありません。実績を見た人が集まってきてくれて、さらに影響力の強い実績をつくりやすくなります。

ですから、たとえ小さくてもいいので、まず結果を表す実績をひとつ見つけてください。

私が教えていた人に、結果を表す実績を積み重ねたことで、ご自身の地位を高めた方がいらっしゃいます。

金融教育家である上原千華子さんの事例をご紹介しましょう。

上原さんは、日本国内で「ファイナンシャル・セラピー」という新しい領域を広める方法を学ぶためにPR塾に入りました。

ファイナンシャル・セラピーとは、心理学と脳科学に基づ

実績

いて「お金の価値観」と向き合い、お金との上手な付き合い方をサポートする方法のこと。アメリカで注目されている領域ですが、日本で提供している人はごく一部で、入塾当時はほとんどの人が知りませんでした。認知はまだこれからの段階で、それまでの6年間、なかなか芽が出なかったそうです。

　認知が低い商品は、信用がないので実績が重要です。そこで、私は「小さな実績を積み重ねていきましょう」とアドバイスしました。

　すると、上原さんは女性誌でのマネー特集や金融専門誌での連載などの実績を少しずつ積み重ねていき、**約2年間で110件のメディアに掲載されたのです。**その実績を見たメディアの人から信頼され、PR塾に入って1年後には「ファイナンシャル・セラピー」に関する本の出版が決まりました。

　すると、その結果をまた実績にすることで、メディアへの露出が増えていき、現在は国内でファイナンシャル・セラピーを広める第一人者として地位を高めておられます。

　このように認知が低い商品でも、結果を表す実績を積み重ねることで信頼を得られます。

　実績は、大きいほど信頼されるものです。まずは小さな実績を積み重ねて、大きな実績へとつなげていきましょう。

自分ではなく
相手のために実績を話す

● 実績を話すことを恥ずかしがってはいけない

　せっかくアピールすべき実績に気づいても、「自慢話をしているようで嫌だ」「自画自賛しているようで恥ずかしい」と思う人もいるでしょう。

　私もPRプロデューサーとして独立したばかりの頃は、そう思っていました。

　会社員時代は、「広報担当者なのだから、会社の実績をアピールするのは当たり前だ」と割り切ることができましたが、独立すると「エアウィーヴの売上に貢献した実績」を自己PRで使ってもいいのだろうかと悩みました。

　しかし、どんなに自信があるサービスでも、実績を出さないことには聞く耳を持ってもらえません。

　また、お客様は実績を知ることで、安心して私に相談できます。その結果、お客様の人生が変わり、幸せになる人が増え、世の中をよくすることにつながるのであれば、実績を話したほうがいいと思い直しました。

実績

111

当然、信頼される実績を話すことで、「この人はよいサービスを提供してくれるはずだ」とお客様の期待値は上がります。そのハードルを超えることにプレッシャーを感じる人もいるでしょう。

　しかし、あえて期待値を上げることで、なりたい自分に近づいていくことができます。期待に応えようと必死に努力することで、自分自身も成長していけるからです。

　まず知ってもらうためにも、実績を話すことが重要です。

第三者からの
フィードバックが重要

●アピールすべき実績は、意外とわかっていない

アピールすべき実績を見つけるとき、第三者からのフィードバックが役立ちます。

一般的に、自己評価（自分自身と向き合って評価をすること）と他己評価（他人から見た自分に対して評価を受けること）にはギャップが生じやすい、と言われています。主観と客観では、物事に対する情報量や情報を受け取る視点が違うからです。

そのため、**自分では「素晴らしい活動をしている」と思っていても、他人から見たら「大したことはしていない」と思われることがあります。その逆もしかりです。**

このギャップに気づかないままだと、聞き手の心に響かない実績を話してしまいます。

たとえば、中途面接でこれまでの実績を話すとき、自分の強みだと思っていたポイントが面接官から評価されないことがあります。すると、「この人と一緒に働きたい」とは思って

113

もらえず、採用に至りません。

　話すべき実績に迷ったら、客観的に評価されている実績を把握することです。そうすれば、聞き手の心に響く実績を選ぶことができます。

● 実績の他己評価を把握する

　自分や自社の実績を見つけるために、次のワークで実績の他己評価を把握しましょう。

> 実績の他己評価を把握するワーク
> STEP 1　どんな実績でもいいので、10個書き出す
> STEP 2　第三者に、「すごい！」と直感的に思った実績順に数字を記入してもらう
> STEP 3　その順番にした理由をヒアリングする

　このとき、顔見知り程度の人にヒアリングするのがおすすめです。家族や友人などの関係性が深い人とワークすると、あなたの努力や苦労を知っている分、主観的なフィードバックになりやすいからです。なるべくあなたの背景を知らない人からフィードバックをもらいましょう。

　もし顔見知り程度の方が見つからない場合は、近しい人でもいいのですが、会社であればほかの部署の人や地域のコ

ミュニティ仲間など、少しでも客観視できる人を探すといいと思います。その結果、第三者からもっとも支持を集める実績が見えてきます。

面接で話す実績を見つける場合で考えてみましょう。

実績を順位づけしたとき、自分では「さまざまな企業との取引実績」を1位にしていたのに、第三者の評価では「新人賞を獲得したこと」が1位になったりします。自分で1位にするのは、やはり苦労した仕事が多くなりがちです。

しかし、それはあくまで主観。第三者に話を聞くと、「新人賞を獲得したことは、そこまで難しくなかったけど、評価されるんだ」と違う視点に気づくことができます。

私もこのワークを通して、PRプロデューサーとしての自分の強みを把握できました。

実は独立当初の自己紹介では、「エアウィーヴ」での実績を全くアピールしていませんでした。数年前の実績ですし、「私はエアウィーヴの現社員ではないので、その実績を話しても響かないのではないか」と思っていたからです。

ところが、ワークをしてみると、第三者に評価されているのは圧倒的に「エアウィーヴでの実績」だとわかりました。それ以降は、エアウィーヴでの実績を話すようにしています。

自分一人で考えると、自分本位な実績になりがちです。第三者からフィードバックをもらって、自分の魅力となる実績に気づきましょう。

実績

アンケートで
実績をつくる

● 具体的に「変化」した実例を集める

　実績は、実際の顧客に聞くことでつくることもできます。

　とくに有効なのが「ビフォーアフター」（どのように変化
するか）の実例です。「ビフォーアフター」を実体験した人の
実例をたくさん並べることで、異なる背景を持つ人々に「自
分にも、こんな変化が待っているかもしれない」と思っても
らえます。ですから、お客様へのアンケートやインタビュー
で実例を集めましょう。

　（例）ダイエットプログラムの「ビフォーアフター」
　　・２カ月間で、念願の－10kgを達成した
　　・プログラム終了後も、痩せた体型をキープしている

　私たちも毎週１回、「PR塾を受講してみて、どんな変化が
ありましたか？」と必ずお一人にインタビューしています。
そのリアルな声を公開しているので、これから入塾する方は
「ここで学ぶと、こんな変化があるんだ！」とイメージでき

ます。

　この実例を公開したことで、実際に成約率が高くなりました。一般的な講座の成約率は20〜30%といわれていますが、当塾では60%を実現しています。高い成約に結びついたのは、「ビフォーアフター」の実例があったからでしょう。

　ちなみに、アンケートで「ビフォーアフター」の実例を集めるとき、アンケート項目を増やしすぎないように注意してください。

　項目数が多すぎると、すべて回答するのに時間がかかります。すると、いちばん知りたい「ビフォーアフター」をたくさん書いてもらう時間がなくなるからです。そうならないように、質問項目は極力シンプルにして、いちばん知りたい「ビフォーアフター」の回答を具体的にたくさん書いてもらえるようにリアルの声を集めてください。

実績

　　アンケートは具体的に聞く

　　×「それぞれのコンテンツごとに点数をつけてください」

　　○「セミナーに参加して、具体的にどんな成果、変化がありましたか」

「ビフォーアフター」は具体的に聞く

セミナーの どこがよかったですか？	大変満足 **5**	満足 **4**	普通 **3**	やや不満 **2**	不満 **1**
話の内容					
講師の話し方					
PRのステップについて					
個人ワーク					
グループワーク					

↓

セミナーに参加して、具体的にどんな成果、変化がありましたか？

　また、アンケートの下部に「感想をホームページやメルマガ、SNS等で、書かせていただいてもいいですか」という文言を入れて掲載の承諾を取っておけば、あとから確認する手間が省けるのでおすすめです。後々連絡する場合、メールなどでのやり取りが大量に発生する場合があるので、入れておくとスムーズです。

実績には話す
順番がある

● 実績を伝える順番をどう考えるか

　伝えるべき実績を選んだあとは、どの順番で実績を話すか
を考えましょう。ここでは２つの視点を意識してください。

視点① インパクト

　１つ目の視点は、インパクトが強い実績から話すことです。
他己評価を把握するワークを参考に、ターゲットに響く順番
で話してください。

インパクトが強い順番から話す

（例）ゲームソフト

　第三者の評価　１位「累計売上が３億本を突破」、２位「発
売初日に完売」

　　↓

　×「発売初日に完売して、累計売上が３億本を突破した
　　ゲームです」

　○「累計売上が３億本を突破し、発売初日に完売したゲー

実績

ムです」

　よくあるのが、マイナーなコンテストでナンバーワンになった実績から話すことです。しかし、それを聞いてもどれくらいすごいことなのか、イメージできません。

　ですから、なるべく皆が知っているようなメジャーな実績を話すようにしましょう。そのほうが信頼されます。

　メジャーな実績を話す
　×「PRアワードグランプリでグランプリを獲得しました」
　〇「めざましテレビで放送された企画です」

　ただし、メジャーな実績だとしても、たくさん羅列すればいいわけではありません。

　たとえば、自己PRするとき、過去のさまざまな経歴を話したとします。

　すると、聞き手は「この人の本業は何だろうか？」「肩書きがありすぎて怪しい」と思うはずです。それでは信用されません。

　そこで、ターゲットに合わせて実績を絞りましょう。

　たとえば、出版社に野菜ソムリエのスキルをいかした企画を説明したいなら、ほかの肩書は伏せて、野菜ソムリエの肩書きだけを話します。

ターゲットに合わせて実績を絞る

×「野菜ソムリエやPRプロデューサー、コミュニティ運営を経験したことがあります」

○「野菜ソムリエとして＊＊社と契約したり、～の活動をしています」

すると、「この人は専門性が高そうだ」と信頼してもらえます。また、実績は時系列に関係なく、他己評価の順番で話してください。

「過去の実績だと古いから、直近の実績を話したほうがいいだろう」と考える人がいますが、それは主観的な判断です。**大事なのは、第三者から評価される実績です。**第三者に「過去の実績のほうがインパクトが強い」と思われていたら、直近の実績よりも先に話しましょう。

実績

時系列ではなく、インパクトが強い順番で話す

第三者の評価　1位「2019年は全国紙に掲載された」、2位「2023年は地域の広報冊子に掲載された」

　↓

×「2023年は地域の広報冊子に、2019年は全国紙に掲載されました」

○「2019年は全国紙に、2023年は地域の広報冊子に掲載されました」

視点② ターゲット層

 ２つ目の視点は、幅広いターゲットに響く実績を並べることです。

　商品によっては、「若者からシニア世代までが対象」「男女兼用で使える」とターゲット層が広くなることがあります。そのとき、一部のターゲット層だけに響く実績を話すと、ほかの層から「自分には関係ない商品だ」と思われてしまいます。

　たとえば、若者からシニア世代まで購入される炭酸飲料水があったとします。

　それなのに、実績として「20代のインフルエンサーによく飲まれています」とだけ話せば、シニア世代からは「若者向けの商品で、自分には関係ない」と思われるかもしれません。

　そうならないように、シニア世代も利用するホテルや一般企業に採用されていることも話します。すると、シニア世代に当事者意識が生まれ、興味を持ってもらえます。

　幅広いターゲットに響く実績を話す

×「20代のインフルエンサーや雑誌のモデルにも愛用いただいてます」

○「JALのファーストクラスや、有名旅館でもウエルカムドリンクとして採用されています」

固有名詞と数字、
ビジュアルを使う

● 名前も数字も具体的なほうがいい

　並べる実績を決めたら、その実績を「固有名詞」と「数字」で裏付けしましょう。その２つがあればリアリティが増すので、より信頼性が高くなります。

実績

　固有名詞で実績を裏付ける
　×「モデルも愛用しています」
　○「モデルの＊＊さんも愛用しています」

　数字で実績を裏付ける
　×「満席になるセミナーです」
　○「３カ月先まで満席のセミナーです」

● ビジュアルが聞き手の理解を助ける

　補足的なことですが、実績を裏付けるのにビジュアルも活

用できます。ビジュアルとは、聞き手が視覚から得る情報のこと。具体的には、写真やデータ、グラフのことです。

　話すときにビジュアルを使えば、より深く納得してもらうことができます。

　たとえば、「新入社員が希望する部署として、広報部の人気が高いこと」を説明するとします。そのとき、口頭だけで話すよりも、人気が高いことがわかる新聞記事やアンケート結果を見せながら説明したほうが、より説得力があります。

　ですから、実績を一目でイメージできるように、ビジュアルにはこだわりましょう。

　相手が一目でイメージできるように、私が資料をつくるときは次の2点の工夫をしています。

　　①矢印などを使って変化を強調する
　　②写真やロゴなどを貼る

　この2つを意識することで、見た人が直感的に「すごいな」「変化している」と感じる資料になります。すぐにできることだと思うので、ぜひ皆さんも取り入れてみてください。

ピンとくる資料のコツ

❶ 矢印などを使って変化を強調する

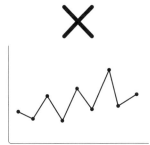

❷ 写真やロゴなどを貼る

すごく
よかったです。

有名スポーツ選手

有名スポーツ選手も
このように語っています。
「すごくよかったです。」

実績

✓ 冒頭に実績を伝えることで、信頼してもらえる

✓ たとえ実績がなくても、つくることができる

✓ 実績は、自分ではなく第三者の評価で選ぶ

✓ 実績の順番も重要。インパクトのあるものから話そう

 WORK SHEET

Q1 どんな些細なものでもいいので、実績を10個書き出してください

Q2 第三者に、順位をつけてもらってください

Q3 順位をもとに、話すべき実績を整理してみましょう

第 **5** 章

【STEP 3　ビフォーアフター】

聞き手が一番
知りたいのは
「変化」

Q3

ビフォーアフター
の説明。
伝わるのは
どっち？

A

「髪のパサつきに悩む人が、髪に潤いを感じる
し、ヘアカラーの色落ちを防ぎたい人は、色落
ちを防げます。さらにくせ毛の人が、サラサラ
髪になります」

B

「髪のパサつきに悩む人が、髪に潤いを感じま
す」

私が考える答えは、B。
詳しくは、137ページで説明します。

「ビフォーアフター」で変化を想像させる

● 特徴よりも「変化」を語ろう

実績で相手に「聞いてみたい」と思わせたら、いよいよ「ビフォーアフター」を話しましょう。ここでも、特徴から話さないように注意してください。聞き手は「この説明は自分に必要だ」とは、まだ思っていないからです。にもかかわらず、特徴から話せば、「必要ないから興味がない」と思われてしまいます。

ですから、**まず話すべきは「ビフォーアフター」（どのように変化するか）です。**

特徴の前に「ビフォーアフター」を話す

×「このコーヒーはブラジル産とエチオピア産のコーヒー豆を使っていて、100ml当たり約65mgのカフェインが含まれています。だから目が覚めます」

○「このコーヒーを飲むことで、目が覚めます。なぜなら、これはブラジル産とエチオピア産のコーヒー豆を使っていて、100ml当たり約65mgのカフェインが含まれて

いるからです」

聞き手は「ビフォーアフター」を知ることで、「これは自分に必要だ」と聞く姿勢に入ります。その上で特徴を話せば、「なるほど、この特徴のおかげで変化した状態になれるんだ」と納得できるわけです。

●「ビフォーアフター」は意外と飛ばされている

私がさまざまな説明の場面に立ち会いましたが、「ビフォーアフター」を話す人は意外と少ないです。そういう人は、「この説明を聞いたら、どう変化するのか、当たり前に知っているはずだ」と思っています。

しかし、**予想以上に聞き手は理解していないものです**。私がそのことを実感したのは、プレスリリースの書き方を教えたときでした。

プレスリリースを書けるようになると、知名度が低い商品でも（ビフォー）、露出が増えて知名度を高めることができます（アフター）。

そのことは、誰でも知っていることだと思っていました。ですから、その「ビフォーアフター」を話さないまま、プレスリリースの書き方を教えたのです。

ビフォーアフター

ところが、丸一日かけて教えたあと、塾生の方から「ところで、プレスリリースが書けると、どうなるんですか？」と言われました。その瞬間、「変化をもっと丁寧に伝える必要があったのか！」と驚いて、それからは「ビフォーアフター」を話してから書き方を教えるようになりました。

　聞き手は思っている以上にわかっていません。わかっていたとしても、あらためて話すことでズレがないか確認できます。お互いの認識を揃えるためにも、特徴や中身よりもまずビフォーアフターを必ず伝えるようにしましょう。

「ビフォーアフター」を
ズレずに伝える

● 商品PRと自己PRで伝え方を変える

　第2章で相手の求める「ビフォーアフター」をつかむポイントについてお話ししましたが、ここからは、どう説明していくかについてです。「商品PR」と「自己PR」で考え方が異なります。それぞれ、解説をしましょう。

商品PRの場合

　まず、商品を説明するときの「ビフォーアフター」をどう伝えるかです。

　この「ビフォーアフター」を伝えるときは、**どのように変化するのかに関して誤解が生じない言葉選びをすることが重要です。**商品を使うことによる、主な変化のみを話してください。

　たとえば、機能性が高いマザーズバックの魅力を説明するとします。ビフォーの悩みが「荷物が多いので、複数のカバンを持ち歩くのが面倒に感じる」だった場合、さまざまな「変化」が考えられます。

マザーズバッグで考えられる「変化」

・荷物をきれいに収納できる

・必要なときにものを取り出しやすくなる

・時間の余裕ができる

この場合、「時間の余裕ができる」は選ばないほうがいいでしょう。

たしかに、荷物をきれいに収納できて、必要なときに物を取り出しやすくなることで、時間に余裕ができる人もいると思います。しかし、必ずしも全員がそうなれるわけではないので、「時間の余裕ができます」と言えば嘘になってしまう可能性があります。

ですから、ある程度確約することができて、一般的に起こる「ビフォーアフター」の変化のみを話すようにしましょう。

マザーズバックの「ビフォーアフター」

ビフォー　荷物が多いので、複数のカバンを持ち歩くのが面倒に感じる

↓

アフター　1つのカバンに荷物をきれいに収納でき、必要なときに物を取り出しやすくなる

自己PRの場合

転職活動など自分自身のPRをする場合はどうでしょうか。**自分の職種が広く知られているかどうかで考え方が変わります。**

マイナーな職種の場合、その人からサービスを受ける人は、どのように変化するのかをイメージできません。ですから、商品の「ビフォーアフター」と同じ手順で考えていきます。

マイナーな職種の「ビフォーアフター」

（例）酪農ヘルパーが酪農家に向けて、自己PRする場合

ビフォー　牛の乳を絞る搾乳や清掃、エサやりと、酪農
　　　　　の仕事が忙しい

↓

アフター　酪農家に代わって、酪農の仕事を代行するこ
　　　　　とで負担が軽減される

一方、メジャーな職種の場合、その人からサービスを受ける人は、どのように変化するのかをイメージできます。わざわざ、知っていることを説明する必要はないでしょう。

そこで、過去にサービスを利用した人が実際に得られた効果（「ビフォーアフター」を実体験した人の実例）を話しましょう。そうすれば、「たしかに、この人のサービスで変化を実感できそうだ」と信用してもらえます。

メジャーな職種の「ビフォーアフター」

（例）マーケティング職の人が自己PRする場合

　ビフォー　広告費の費用対効果が得られない

　↓

　アフター　＊＊社に対して運用代行支援で費用対効果を
　　　　　　30％改善させ、売上アップに貢献した

　面接の場面などでは、このように聞き手の知らないことを想像して、自己紹介の「ビフォーアフター」を考えてください。

「変化」はできる限り
わかりやすく伝える

● 「ビフォーアフター」も1つだけでいい

「ビフォーアフター」の変化は1つだけ話すようにしましょう。

　ターゲット層が幅広い商品を提案する場合、それぞれのターゲットに向けて「変化」を話したくなるかもしれません。しかし、一瞬で聞き手の心に響く「ビフォーアフター」を話す必要があります。ですから、目の前の人が知りたい「ビフォーアフター」を1つだけ話してください。

　クイズの答えが「B」だった理由は、まさにここです。

ビフォーアフター

　ターゲット層が広い商品の「ビフォーアフター」を話す

（例）髪のパサつきに困っている人向けのトリートメント

×「髪のパサつきに悩む人が、髪に潤いを感じる。ヘアカラーの色落ちを防ぎたい人は、色落ちを防げる。くせ毛の人が、サラサラ髪になれる」

○「髪のパサつきに悩む人が、髪に潤いを感じる」

1分間で話せなかった「ビフォーアフター」は、質問されたら話すようにしましょう。

　たとえば、新商品のトリートメントを説明するとき、「髪のパサつきに悩む人でも、髪に潤いを感じます」と話しました。

　すると、「いいですね！　実はヘアカラーの色落ちにも悩んでいるんですけど、それもカバーできる商品ですか？」とほかに知りたいことを質問されるかもしれません。そうしたら、「色落ちを防ぐ効果もありますよ」と話せばいいのです。

　たくさんの「ビフォーアフター」を話したからといって、興味を持たれるわけではありません。むしろ、大量に話すと理解されにくくなってしまいます。求められるタイミングで、聞き手が知りたい「変化」を話すようにしてください。

●長すぎると伝わらない

　次に、1つに絞った「ビフォーアフター」を簡潔に話していきます。「詳しく話せば、どのように変化するのかを具体的にイメージできるだろう」と考えて、だらだらと話す人がよくいます。しかし、言葉数が多いと理解しづらくなり、聞き手は変化したあとの姿をイメージできません。そうならないように情報量を絞って、わかりやすくシンプルな言葉で説

明することがポイントです。

> わかりにくい「変化」とわかりやすい「変化」
>
> ×「ブログやSNSの更新を頑張っているけれど、他社との差別化ができなくて、集客や売上アップを実感できていない人もいるでしょう。そういう人は、このテキストを学ぶことで、効果的なアプローチができるようになった結果、他社との差別化ができ、お客様に見つけてもらえるようになります」
>
> ○「集客や売上アップを実感できない人は、このテキストを学ぶことで、他社との差別化ができるようになります」

せっかく話しても、理解してもらえないと無意味です。伝えたいことを明確にして、必要のない言葉は削ってください。

ビフォーアフター

✓ 「ビフォーアフター」は重要なのに説明の中で抜けがち。必ず話すようにしよう

✓ 「ビフォーアフター」は1つに絞ったほうが伝わりやすくなる

✓ 「ビフォーアフター」はある程度確約できる変化のみを話しましょう

✓ 長々と伝えても理解されないので、短い言葉で簡潔に伝えよう

 WORK SHEET

Q1 聞き手が何に困っているかを把握していますか？

Q2 聞き手がどうなったら嬉しいかを把握していますか？

Q3 自分の商品サービスや説明が聞き手にもたらす「ビフォーアフター」を、簡潔にまとめてみましょう。

第 **6** 章

【STEP 4 特徴】

差別化要素を伝えて
納得してもらう

伝え方

クイズ

Q4

特徴の説明、
魅力が伝わる
のはどっち？

A

「開発に5年かかった洗剤
自動投入機能付きです」

B

「他メーカーでは未発売の
『漂白剤の自動投入』がで
きます」

私が考える答えは、B。
詳しくは、148ページで説明します。

伝えるべき特徴は、
２つの視点から選ぶ

● 視点① ビフォーアフターを納得させる

　聞き手が「これは自分に必要だ」と思えたら、いよいよ特徴を話しましょう。

　特徴には選ぶ視点が２つあります。

　１つ目の視点は、「ビフォーアフターを納得させる根拠となる特徴」です。

　さまざまな特徴がある場合、何をピックアップすべきか迷うと思います。

　多くの人は「商品づくりで努力したこと」や「商品づくりへのこだわり」を選びがちです。しかし、「自分はこんなにがんばった」「ここに強いこだわりがある」と言われても、聞き手が欲しい情報ではない確率が高い。

　聞き手が知りたいのは「**変化**」でしたよね。

　ですから、特徴は「ビフォーアフター」を実現できる理由として話しましょう。

　次のような例がわかりやすいでしょう。

「ビフォーアフター」に対して納得できる特徴を話す

（例）英会話

　ビフォーアフター＝忙しい人も挫折せずに英語を話せる

　×「100個の英単語を記憶する方法がわかる」

　○「ネイティブの先生から好きな時間にオンラインで直接
　　指導してもらえる」

　最初の1分間では、すべての特徴を話すことができません。実際に特徴を話す時間は約10秒程度でしょう。**ですから、ビフォーアフターに合った特徴を1つだけ話してください**。そのほうが印象にも残ります。
「たしかに、この商品なら問題が解決しそうだ」「この特徴があれば、私も変われるかもしれない」と聞き手が感じられる特徴を選ぶのがポイントです。
　商品やサービスの説明以外の場合は、その説明自体の特徴を話すといいでしょう。

● 視点② 従来品との違いを明確にする

　2つ目の視点は、「ほかの商品との差別化を打ち出す」です。
特徴としては、「あなたの商品と従来品との違い」を話しましょう。

専門性が高い内容について、「この商品は、業界でも珍しい素材を組み合わせてつくったんです」と言われても、どれだけすごいのか実感できず、ほかの商品と比べることが難しくなってしまいます。聞き手がほかの商品と比較できるように、多くの方がわかる内容にしましょう。

145ページのクイズの答えが「B」だった理由は、まさにここです。

従来品や他社商品との違いを話す

×「開発に5年かかった洗剤自動投入機能付きです」

○「他社では未発売の『漂白剤の自動投入』ができます」

ほかの商品との違いがはっきりすれば、あなたの商品の特徴が際立ち、選ばれやすくなります。そのために、曖昧な表現や抽象的な表現は使わないようにしましょう。できるだけ具体的に話して、聞き手が特徴を一瞬でイメージできるようにします。

特徴を具体的に話す

×「サステナブルなサポートをしています」

○「エコバッグを配布してレジ袋の使用を減らし、プラスチックごみの削減に貢献しています」

特徴

とくに注意したいのが、聞き手によってイメージが違う形容詞です。

たとえば、「甘くて美味しい」と言われても、人それぞれにイメージする甘さの度合いは違うので、ほかの商品との違いがわかりません。そうならないように、具体的な言葉で言い換えましょう。

形容詞を使わずに、具体的な言葉で話す

×「甘くて美味しいみかんを２日以内にお届けします」

○「メロンと同じ、糖度12度のみかんを２日以内にお届けします」

ちなみに、ほかの商品と比較しながら話すのもひとつの手です。

たとえば、商品PRであれば、「従来品とは違い、当社の商品には＊＊という特徴がありまして」となりますし、面接の場面では「私は一般的によく使われる広告手法だけでなく、広告とSNSを掛け合わせた独自の手法を使うことができます」と補足すれば、違いがわかりやすくなります。

明確な違いを理解できるからこそ、ほかの商品と比較ができます。聞き手が比較しやすくなる言葉選びを意識してください。

他社商品との違いが
見つかる３STEP

● STEP 1 従来品の残念ポイントを書き出す

　特徴（あなたの商品と従来品との違い）は、３つのステップ
で見つけられます。まず、あなたの商品の従来品や類似品を
イメージしてください。**それらの商品に「もっとこうであれ
ばいいのに」と客観的に感じるポイントを４つ書き出してみ
ましょう。**たとえば、シワ改善が期待できるハンドクリーム

従来のサービスについて「ここが残念」なところを書く

従来のサービス
例：一般的なハンドクリーム
① つけたあとにベタベタする
② シワ改善の効果が期待できない
③ 爪を強くできない
④ 手にしか使えない

を例に考えてみます。

● STEP 2 あなたの商品のよさを考える

　次に、従来品の残念ポイントと比較して、**あなたの商品の「ここがいいな」と感じるポイントを書き出してみましょう。**アピールポイントが明確になり、特徴がはっきりします。

　このハンドクリームの例でいえば、「サラッとする」「シワ改善の効果が期待できる」「爪が強くなる」「髪にも使える」といったよいところが見つかりました。

　お気づきの方もいると思いますが、よいところは従来品の「残念な部分」の裏返しになることが少なくありません。必

あなたのサービスの「**ここが良い**」ところを書く

あなたのサービス
例：コロナ時代のハンドクリーム
① サラッとする
② シワ改善の効果が期待できる
③ 爪が強くなる
④ 髪にも使える

STEP1と
比較して
書く

ず従来品と比較した上で見つけることがポイントです。それが「差別化」につながるのです。

STEP 3 伝えるべき特徴を選ぶ

　STEP 2まできたら、相手の「ビフォーアフター」に合わせて、特徴を選びましょう。

　たとえば、相手が「手のシワを改善したい」のであれば、「シワ改善の効果が期待できる」特徴を伝えればいいのです。右のように相手の「ビフォーアフター」に合わせて、伝えるべき特徴は変わります。

STEP3　伝えるべき特徴を選ぶ

あなたのサービスの
「ここが良い」ところを書く

あなたのサービス

| 例：コロナ時代のハンドクリーム |
| ① サラッとする |
| ② シワ改善の効果が期待できる |
| ③ 爪が強くなる |
| ④ 髪にも使える |

②を伝えよう

手のシワを改善したい

相手が知りたいことに合わせて特徴を変える

（1）ベタつくハンドクリームが苦手→サラッとする

（2）手のシワを改善したい→シワ改善が期待できる

（3）爪が脆くて困っている→ 爪が強くなる

（4）髪と爪に兼用で使えるクリームがいい →髪にも使える

↓

聞き手がベタつくハンドクリームが苦手なら（1）を話そう！

　このように、3つのステップを踏めば、話すべき特徴が見つかります。聞き手が何よりも知りたい特徴を話しましょう。

✓ 特徴で、初めて他社との差別化を打ち出そう

✓ 差別化ポイントは、競合他社と自分を比較することで見つかる

✓ 特徴は、「ビフォーアフター」に合わせて1つだけに絞ろう

WORK SHEET

Q1 競合他社の弱点はどこだと思いますか？

Q2 自分（自社）の強い部分はどこですか？

Q3 特徴を1つだけに絞って簡潔にまとめてみましょう

第 **7** 章

【STEP 5 ストーリー】

感情を揺さぶる
ストーリーで
記憶に残す

Q5

自分の
ストーリー、
共感するの
はどっち？

A

「旦那さんと息子と3人暮らしです。私はママコミュニティの活動を2年前から始めました。今では、オンラインオフライン含めてたくさんの人が活用してくださり、地域貢献もできていると感じています」

B

「私自身、5歳の息子がいるママなのですが、出産後すぐに旦那の転勤が決まり、慣れない土地で頼れる人もいないまま育児をしなければならず、産後うつになってしまいました。世の中には私と同じ悩みを持つ人がたくさんいるため、皆さんの悩みを解決したいと思い、転勤族のためのママコミュニティの活動を2年前より始めました」

私が考える答えは、B。
詳しくは、164ページで説明します。

一番記憶に残るのは「ストーリー」

● あなたのストーリーはあなただけのもの

特徴を聞いて「この商品は他社よりもよさそうだ」と思った聞き手は、ますます興味を持っています。ここで、ストーリーを話しましょう。

通常の説明では、そこまでストーリーには触れないと思いますが、商品サービスを提案している場合はとても重要になります。

ストーリーとは、あなたの商品にまつわるドラマのこと。たとえば、次のようなものがあります。

ストーリーで話すこと
- なぜ、その事業を始めたのか
- その事業に対するこだわり
- 事業が成功する（軌道に乗る）までの苦労話
- 成功した実績
- 今後の夢……など

ストーリーを話す、2つのメリットがあります。

1つ目が、**聞き手の印象に残りやすいことです。**

世の中にはあなたの商品とターゲット層やコンセプト、実績が似ている商品がたくさんあります。

たとえば、フェイシャルエステが得意なサロンでは、「キレイな肌になりたい」というお客様に向けて、ハンドマッサージや専用マシンによる施術メニューを用意しています。そのようなサロンは全国にたくさんありますから、それだけ話しても聞き手の印象には残りませんよね。

一方、**あなたの商品にしかないのが、あなたのストーリーです。**

たとえば、サロンを独立開業するまでのストーリーは、人それぞれに違います。

前オーナーから引き継いで経営することになった人もいれば、学生時代からの夢を叶えるために開業を決意した人もいるでしょう。そういった唯一無二のストーリーこそが、聞き手の記憶に強く残ります。

● ストーリーを語るから応援してくれる

もうひとつのメリットは、**共感が生まれる**ことです。ストーリーは聞き手の心を動かし、共感を生みます。

ストーリー

たとえば、ある酵素スパを独立開業するまでのストーリーがあるとします。

ある酵素スパのストーリー

「私はもともとアトピー肌で、学校に通うのもつらくなるくらい、顔の肌あれに苦しんでいました。薬を飲んだり塗ったりしても状態がなかなかよくならず、諦めていたんです。

そんなある日、酵素スパで酵素風呂を体験したところ、肌の状態がよくなったことを実感して、人に会うのが楽しくなりました。

その経験をしたことで、過去の私と同じように肌の悩みに困っている人の役に立ちたいと思い、この酵素スパを始めることにしました」

これを聞いた人は、「私も肌あれに悩んでいるから気持ちがわかる」と共感します。すると、**「この人を応援したい」とファンになって応援してくれるのです。**

実績ではかなわない競合他社の商品があったとしても、共感を生むストーリーがあれば応援される存在となれます。

感情を動かす
ストーリーをつくる

● 魅力的なストーリーには、感情の起伏がある

　ストーリーを話すときに意識したいのが、感情の起伏が伝わるようにすることです。

　順風満帆な話ばかりすると、聞き手の感情を変に刺激することがあり、なかなか応援されません。

　一方、苦労話や失敗体験は理解されやすく、聞き手の共感につながります。とはいえ、その話ばかりすれば、聞き手は「あまり上手くいっていないようだけど、この人の商品を選んで大丈夫だろうか……？」と不安になるでしょう。その辺りのバランスが難しいのです。

　私がおすすめしているのは、成功も失敗も満遍なく盛り込んだ感情の起伏が伝わるストーリーです。そういったストーリーなら、共感しながら夢中になって聞いてもらえます。

● 失敗体験は、あなたの武器になる

　共感が生まれるにもかかわらず、苦労話や失敗体験を話したがらない人は少なくありません。

　そのような人は「苦労話をするのは恥ずかしい」「ブランドイメージが傷つくのではないか」とネガティブに考えてしまいます。

　しかし、その考え方ではもったいないと思います。**苦労話や失敗体験こそが最高の差別化ポイントです**。聞き手の印象に一番残るのは、失敗談なんです。

　私がそのことを実感したのは、自身の会社の話をしているときです。実は、創業後に社員の９割が退職する危機を経験したことがありました。当時、依頼をしてくださるお客様も増えて、なんとかお客様の結果にコミットしたいと考え、社員も徐々に増やしている段階でした。

　しかし、私の要求する基準が高く、辞めていく人がいても「辞めていく人たちは目指す方向が違うのだろう」としか思っていなかったのです。

　私はお客様に質の高いコミットをしたいと思うばかりに、社員にも同様に最初から高い基準を求めていました。

　また、採用時には目指す会社のビジョンや、ルールなどしっかり説明できていなかったこともあり、育成体制も整っ

ておらず、個人の成長に頼っていた部分も大きかったです。

　そこから、いろいろな基盤や仕組みをつくり直し、また、何よりも私も経営者として足りなかった部分や考えの甘さを反省し、改革を始めました。

　今では、同じ方向を目指せるスタッフも多くなり、私もスタッフを頼って任せることも増え、あの経験があったからこそ成長できていると実感できるのですが、このような苦労話はメディアの人には隠していました。

　ネガティブな話は会社のマイナスイメージにつながるのではないかと思っていたからです。

　ただ、成功体験だけ話すと「ほかにも似たような会社はありますからね」と言われて興味を持たれません。

　そこで、先ほどの苦労話を思い切って話してみると、「それは大変でしたね、そこからどう立て直したのですか？」「当時と今の違いを教えて欲しいです」と、自分のストーリーを交えてメディアに取り上げられるようになったのです。

　すると、私のストーリーをみたほかの経営者の方から、「同じ経験をしたことがあります！」「勇気をもらえました」と言っていただくこともあり、またお客様からも「今では成功しているように見えるイクちゃんでもそうなんだ……私も頑張ります！」など共感していただくことも増えました。

　このように、苦労話を話すことは、決してマイナスにはな

りません。むしろ、話さないと印象に残らないので認知が広がりにくくなります。ですから、結果を出したいのであれば、覚悟を決めて苦労話や失敗体験を話しましょう。

「伝え方クイズＱ５」の答えが「Ｂ」だったのは、思い切って苦労した話をしているストーリーだからです。

　ただし、本筋とは関係ないエピソードを話さないようにしてください。

「とにかく苦労話を入れたほうがいい」と考えて、本筋からずれた話をする人がいます。

　たとえば、商品開発について話しているのに、「実は、家庭で子どもが不登校になって……」と本筋とは無関係のストーリーを話し出してしまうのです。

　すると、それを聞いている人は、「あれ、この話は、どこにつながっているんだろう？」と話の展開についていけなくなります。それでは話を聞いてもらえませんから、伝えたいメッセージに合うストーリーを話しましょう。

● 感情を動かすストーリーに必要な４つの要素

　次の４つの要素を順番につなぐことで、感情の起伏が激しいストーリーをつくることができます。

（1）平凡な過去

（2）失敗・苦労の過去

（3）成功した現在

（4）挑戦する未来

　また、この４つは会社の業績や変化を話すとき、次のように言い換えることができます。

（1）平凡な過去→過去の事象・起業や商品開発の動機

（2）失敗・苦労の過去→業績の低下や離職の動機

（3）成功した現在→失敗からの回復

（4）挑戦する未来→これからの夢

　たとえば、ここに先ほどの私のストーリーを当てはめてみましょう。

（1）平凡な過去

　当時、お客様からの依頼も増え、社員も増やしている過程で、お客様の結果にコミットしたいと考えるあまり、社員に対しても私と同様に質の高いコミットを求めていた。しかし、私の要求する基準が高く、辞めていく人がいても「辞めていく人たちは目指す方向が違うのだろう」としか思っていなかった。

（2）失敗・苦労の過去

　そうしていると「社長にはついていけません」と1人、また1人とどんどん人が離れていき、結局9割の社員が退職する事態になってしまった。

（3）成功した現在

　そうした状態になって、初めて自分を見つめ直し、最初から高い基準を求めていたことに気づいた。また、採用では目指す会社のビジョンや、ルールなどしっかり説明できておらず、育成体制も整っていない状態で、個人の成長に頼っていた部分が大きかった。

　そこから、いろいろな基盤や仕組みをつくり直し、また、何よりも私も経営者として足りなかった部分や考えの甘さを反省し、改革を始めた。

（4）挑戦する未来

　会社のビジョンやミッションに共感して、一緒にお客様の可能性開花に貢献できるスタッフを増やす。また、社員が自分のなりたい姿に向かって成長でき、そしてその成長がやりがいになり、お客様や社会に還元する三方よしの利他の精神の会社にしたい。

このように「（2）失敗・苦労の過去」を話したあと、「（3）成功した現在」「（4）挑戦する未来」と明るい未来につながるストーリーを話せば、波があるストーリーとなって共感を呼びます。

また、（1）で起業や商品開発の動機を話す際は、「社会貢献がしたい」「人の役に立ちたい」という気持ちが伝わるストーリーを話しましょう。「お金儲けがしたい」だと共感されないからです。

聞き手は「社会をよくするために起業した」「みんなに喜んでもらえる活動をしていきたい」という話に共感して応援してくれます。聞き手の心を動かすストーリーを意識してください。

マイストーリーを
つくってみよう

●「最初の1分」で話すのは動機だけ

ここから、実際にマイストーリーをつくってみましょう。

先ほど、感情の起伏があるストーリーには4つの要素が必要だと説明しました。

　　ストーリーに必要な4つの要素

　　（1）平凡な過去→過去の事象・起業や商品開発の動機

　　（2）失敗・苦労の過去→業績の低下や離職の動機

　　（3）成功した現在→失敗からの回復

　　（4）挑戦する未来→これからの夢

ただし、「最初の1分」でストーリーを話せるのは約15秒。4つすべてを話すことはできません。そこで、聞き手がもっとも知りたい「（1）平凡な過去（過去の事象・起業や商品開発の動機）」を話しましょう。

たとえば、私が独立した動機を話すとしたら、次のようになります。

独立した動機

「小学生の頃、交通事故に遭って脳の大きな手術をしたことがあります。そのとき、『お医者さんに助けられて今の私がいるから、人の役に立つことがしたい』と強く決意したのです。社会人になって、創業期２社のPRを成功に導いたとき、『世の中にもっと貢献したい』と思うようになり、独立の道を選びました」

　このように実体験をもとに話せば、「社会貢献がしたい」「人の役に立ちたい」という本気度が伝わります。

　ただし、すべての人が実体験をもとに話せるわけではありません。その場合、第三者のリアルな声を入れましょう。周りの人が悩んでいること、困っていることを聞いて共感したり、使命感を感じたりしたことを話すのです。

　たとえば、食材宅配サービスを立ち上げた経緯は、次のように話すことができます。

第三者の声を入れる

（例）食材宅配サービス

「母親が仕事や子育てに忙しく、『食材を買い出しに行く時間がない』『仕事から帰宅したあと、自宅にいながら食材を受け取りたい』と言っているのを聞きながら育ちました。世の中には、母親と同じ悩みを持つ人がたくさんいます。皆

さんの悩みを解決したいと思い、食材宅配サービスを立ち
上げました」

　このように第三者の声を入れることで、聞き手に感情移入
してもらえるストーリーを話すことができます。

● ストーリーグラフで、感情の起伏を確認する

「最初の１分」で伝えるのは動機だけですが、（１）〜（４）
をつなぎ合わせた「マイストーリー」を準備しておくと、そ
のあとの説明でも上手く話せるようになります。

　聞き手から「ところで、どんな苦労があったのか教えても
らえますか？」と動機以外のストーリーを質問されることが
あるからです。

　**マイストーリーを話すとき、便利なのがストーリーグラフ
です。**ストーリーグラフとは、感情の起伏を数値化して、見
える化したグラフのこと。

　これがあれば、感情の起伏があるストーリーになっている
かどうかを確認できます。また、ストーリーグラフを見せな
がら話すことで、聞き手の印象にも残りやすくなります。

　ストーリーグラフのつくり方は、商品の提案と自己紹介と
で違います。それぞれ、解説しましょう。

ストーリーグラフのつくり方（商品提案編）

まず、商品を提案する場合です。

あなたの商品について、4つの要素を書き出してください。その4つの感情レベルをつなぎ合わせてグラフ化しましょう。ストーリーグラフの横軸に時間の流れ、縦軸に感情レベル（どれくらいの感情か）のプラス・マイナスを設定し、感情の起伏を折れ線グラフのように書き込むのがポイントです。

ストーリー

ストーリーグラフのつくり方（商品紹介編）

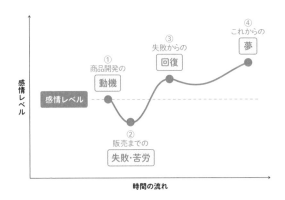

ストーリーグラフのつくり方（自己紹介編）

　一方、自己紹介の場合、まず人生の転機を箇条書きで書き出してください。次に、それぞれの出来事の感情レベルをつなぎ合わせて、グラフ化しましょう。

　人生の転機がたくさんある人もいます。しかし、すべての転機を話すと聞き手が混乱しますから、伝えたいことを語る上で欠かせない転機だけに絞ってください。迷ったときは「ビフォーアフター」に関連した出来事を選ぶといいでしょう。

　グラフを見て、感情の起伏があるストーリーになっていることを確認してください。感情レベルがマイナスになっているほど、プラスとのあいだにギャップが生まれて、印象に残るストーリーになります。

　また、ストーリーを話すときには、当時の様子がわかるもの（写真や映像など）を見せるのがおすすめです。それを見た人は、ストーリーを具体的にイメージしやすくなります。

　たとえば、私が独立したストーリーを語るとき、「PRをはじめた理由」「その結果、どうだったか」「独立した理由」「そのあとの失敗」を話すようにしています。そうすれば、独立した動機だけでなく、独立後の苦労も伝わるからです。

　このように伝えたいことに合わせてストーリーグラフをつくり、起伏があるストーリーを話しましょう。

笹木郁乃のストーリーご紹介

人生の転機を箇条書きにする

- ・交通事故
- ・大手車メーカー就職
- ・自己否定 涙が止まらない!
- ・転職決意
- ・結婚
- ・当時無名のエアウィーヴに転職
- ・やりきった感
- ・出産
- ・会社復帰

- ・仕事と子育ての両立に悩む
- ・愛知ドビーに転職
- ・独立
- ・会社設立
- ・人間学との出会い
- ・9割のスタッフの離職
- ・株式会社LITAへ
- ・離婚危機
- ・事業拡大へ

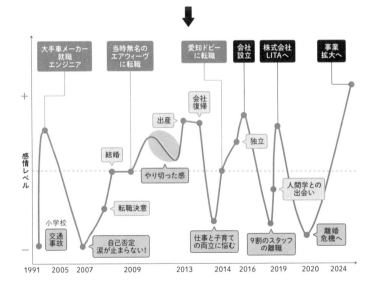

ストーリー

173

ストーリーを
さらに磨くためには？

● マイナスで終わると、不安になってしまう

　聞き手が安心感を持って聞けるように、ストーリーグラフの最後はプラスの状態で終わるようにしてください。

　ストーリーを話すとき、「今でも過去の失敗を後悔していて、毎日のように悩んでいます」と言えば、聞く人が「この人に任せて大丈夫かな」と不安になってしまいます。それではマイナスの影響が出ますから、現在は前向きに進んでいることを話しましょう。

　たとえば、「過去には失敗もしました。しかし、今はそれを乗り越えて、明るい未来に向かって進んでいます」と言えば、「失敗や後悔があって、今があるんだな」と信頼してもらえます。もともと、ストーリーを構成する4つの要素は、そのような流れで話せるように並んでいます。

　たとえ、現在進行形で不安や悩みがあったとしても、「前向きに頑張ろうとしている」とプラス面を話すことはできます。

　悩みがあっても、マイストーリーの最後はプラスにする

　×「認知活動が伸びずに悩んでいます」

　○「今後、認知活動を伸ばしていくために、PRを積極的に学んでいます」

　ストーリーグラフは売上と連動しなくてOKです。

　たとえ、現在は売上が伸び悩んでいても、「明るい未来に向けて前向きに取り組んでいる」と攻めの姿勢が伝わるように話しましょう。聞いた人に共感が生まれ、応援してもらえるようになります。

● 主観では、魅力ある実体験に気づかない

「アピールすべき実績は、意外とわかっていない」（113ページ）でもご説明した通り、自己評価と他己評価にはギャップが生じることがあります。

　マイストーリーでも、それは同じです。「ありきたりな話だ」と思っていたストーリーが、第三者からは「感動しました！」と言われることもあります。

ですから、マイストーリーができたら、実際に説明の際に話してフィードバックをもらいましょう。5人くらいに話してみると、聞き手の心にもっとも響くポイントが見えてきます。そのポイントを素直に受け止め、ストーリーに盛り込みましょう。すると、より多くの人の心に響くようになります。

C H E C K P O I N T

✓ 失敗のエピソードを交えながら、感情の起伏をつくる

✓ ストーリーでは、動機がわかるようにしよう

✓ 最後にプラスの面を話して、前向きなストーリーにしよう

ストーリー

WORK SHEET

Q1 自分のストーリーグラフをつくってみよう

+

感情レベル
- -

−

Q2 自分のストーリーを簡単に文章でまとめてみましょう

第  章

【STEP 6 提案】

さりげなく
動いてもらうための
後押しをする

Q6

初対面の提案、
相手が動くの
はどっち？

A

「よろしければ、事業の責任者を交えて、ざっくばらんに1時間ほどミーティングをしませんか?」

B

「当社のPR支援事業で6カ月契約を結びませんか? 今なら限定割引します」

私が考える答えは、A。
詳しくは、184ページで説明します。

「何をすればいいのか」をイメージしてもらう

● 人は手順がわからないと動けない

ストーリーまで聞いた人は「もっと知りたい」という気持ちが高まっています。そこで、次の行動を「提案」しましょう。

「商品に興味があれば、聞き手は電話で問い合わせてくれるだろう」「また会いたいと言ってくれるはずだ」と思っていないでしょうか。実際のところ、**聞き手はどうすればいいのか意外にわかっていないものです。**

にもかかわらず、エレベーターピッチなどで話したあとに「以上です、ありがとうございました」と何も提案しないまま終わると、聞き手から何のアクションもないことがあります。それは、もったいないですよね。

そうならないように、次の行動を提案しましょう。そうすれば、聞き手は動き出すことができます。

次の行動を提案する

（例）商品を提案する場合

「この商品に興味があれば、名刺にある電話番号にかけて
ください」

「サンプルをご希望の場合は、ホームページからお問い合
わせください」

（例）企画をプレゼンする場合

「ぜひ、一度直接お会いしましょう」

「実際の画面をご紹介しながら、直接お話しできればと存
じます」

● 控えめな提案から始める

　ただし、次の行動を強引に提案してはいけません。

　強引に提案するとは、「商品の契約」や「企画の採用」と
いった最終ゴールを提案することです。そうやって、**無理や
り進めようとすると、聞き手に不信感を持たれ、結果につな
がりません。**

　たとえば、出版社の編集者に電話して、１分間で企画書を
プレゼンするとしましょう。

ストーリーまで話し終えると、編集者は興味を持ってくれています。だからといって、「ぜひ、この企画書を採用してください」と強引に進めようとすれば、編集者は「なんだか圧が強いな。本当はもう一度、ラフに話をしてから採用するかどうか決めたかったんだけど、この雰囲気では言い出せないぞ」と感じるでしょう。その結果、連絡をもらえなくなります。なるべく、控えめな提案を心がけましょう。

　先ほどの例でいえば、最後の提案は「御社に一度お伺いして、ざっくばらんにお話しできたら幸いです」くらいに留めます。そうすれば、編集者は「現時点では採用するかどうか決められないけど、ざっくばらんでいいと言っているし、また次も会ってみようかな」と前向きに考えることができます。

　このように、聞き手が気軽に行動できることを提案するのがコツです。そのほうが結果的には勝率が上がります。だから「伝え方クイズＱ６」の答えは「Ａ」だったんですね。

　控えめな提案から始める

（例）コンサルティング契約を提案する場合

　×「当社のコンサル契約を６カ月で結びませんか？」

　○「よろしければ、事業の責任者を交えて、ざっくばらん
　　に１時間ほどミーティングをしませんか？」

● 相手次第で、最終ゴールを提案してもいい

ただし、いつでも必ず控えめな提案をしなければいけないわけではありません。**聞き手が希望していれば、最終ゴールを提案してもOKです。**

聞き手が最終ゴールの提案を希望しているかどうかは、ストーリーを話したあとの質問でわかります。「この商品を買ったあと、どうやって使うんですか？」「利用には、どれくらいのお金がかかるんですか？」と導入後の利用手順や金額を質問されることがあります。それは、「この商品を早く使いたい！」という気持ちが高まっている証拠です。

聞き手の熱量が高いことがわかる質問

- 「この商品を買ったあと、どうやって使うんですか？」
- 「利用には、どれくらいのお金がかかるんですか？」
- 「いつから始められますか？」

にもかかわらず、控えめな提案をすれば、聞き手の気持ちが離れてしまいます。

たとえば、お客様に「このサービスを使ってみたいんですけど、最短でいつから始められますか？」と質問されました。

それなのに、「では、次回じっくりと詳細をお伝えします

提案

ね」と言えば、「早く契約したいのに、契約までしばらくかかりそうだから、ほかのサービスを検討しよう」と思われるでしょう。

　そうならないように、「わかりました。では、お急ぎかと思いますので、さっそく金額のお話をしますと」と最終ゴールを提案しましょう。

　最後まで意識したいのは、聞き手が「何を知りたいか」です。タイミングを逃さず、求められていることを話してください。

状況に合わせて、次の行動を提案する

● 場面によって提案を使い分ける

　状況に合わせて、次のように控えめな提案をしましょう。3つのシーンで見てみます。

提案

シーン1　商品提案

・「もう一度、ざっくばらんにお打ち合わせしませんか？」
・「のちほど、メールで本日の詳細をまとめた資料をお送りします」

シーン2　面接

　面接の場合は「ありがとうございました」と感謝を伝えるだけでいい

シーン3　講演会やセミナー

「QRコードからLINEを登録していただくと、私のセミナーの動画をプレゼントします。また、興味がある方はLINEから個別カウンセリングを無料でお申し込みできます」

シーンによって提案のポイントは変わります。商品を説明するときは相手の後押しになるような提案をするといいでしょう。面接では、面接官と目的（二次、三次面接に進む）と最終ゴール（内定をもらう）の認識合わせができている状態なので、控えめな提案をわざわざする必要はありません。講演会では、聞き手によって知りたいことが違うので、複数の提案を準備しておくといいでしょう。特典付きの提案をすることで、次の行動をより後押しできます。

● 諦めないで話せば、いつか芽が出ることもある

　ストーリーの段階まで、聞き手が知りたいことを話してきた。それなのに、なぜか聞き手の気持ちが高まっていない。そんな場面に直面することもあるでしょう。

　その場合、「ありがとうございました」と次の提案をせずに説明を終えてしまう人がいます。

　私は必ず控えめにでも提案するようにしています。

　聞き手によっては、表情が乏しい人もいます。ですから、表情だけ見ると興味がなさそうな人でも、内心では「面白い提案だな」「もっと聞いてみたいな」と前のめりになっていることがあるからです。それなのに何も提案しないままだと、もったいないですよね。

　実際、私も「反応は薄かったけれど、実は興味があった」という経験は、メディアの人との会話で何度も経験しています。プレゼンしても質問を全くされず、「ちょっと検討しますね」と言われて終わることがあります。「取材してもらえる可能性はなさそうだ」と思っていたところ、あとからメールで「うちの紙面で取材したいので、必要なデータを送っていただけますか？」と連絡をいただくことがあるのです。

提案

　ですから、聞き手のテンションが低いからといって、ネガティブに考えすぎる必要はありません。時間をつくってくれているので、何かしらの興味があるはずです。それなのに、「もう無理だな」と思って早く終わろうとすれば、チャンスを逃してしまいます。

　そうならないように、やり切る覚悟を持って、いつも通りのテンションで話しましょう。その上で、最後に控えめな提案をすることです。

　「今は商品の導入を考えていないんです」「ほかの会社に頼んでしまったんです」とはっきり言われることもあります。

　そのときは、「では、よろしければ資料を見ていただき、タイミングが合うときに、またご連絡をください」とより控えめな提案をしましょう。今はタイミングが合わなくても、１〜２年後に芽が出ることもありますから、関係性を保ち続

けることが大切です。その場合は、聞き手の時間を奪わないような提案をしてください。

● アフターフォローを忘れない

１分間しか話せないシーンでは、アフターフォローをすることで、聞き手の行動をより後押しすることができます。

アフターフォローとは、聞き手と定期的にコンタクトを取って状況を確認するだけでなく、有益な情報を提供したり、対応してくれた感謝の気持ちを伝えたりすること。そのための具体的な方法としてメールや電話、手紙があります。

アフターフォローをすると、次の効果を期待でき、結果につながりやすくなります。

・興味を持ち続けてもらえる
・継続的な関係を築ける
・検討してもらったあと、決断が先延ばしにならない

メディア関係者によく連絡をしているLITAのPR代行チームでは、まずは電話をして、企画の提案や情報提供を行うのですが、そのあとにも必ず「追い架電」と呼ばれる、アフターフォローの電話をします。

その際は、決して、「企画書どうでしたか？」のように相

手の返答を迫るものではなく、「こういった追加情報もあるんです」「参考資料をお送りいたしますね」のように、ただ、「どうですか？見ていますか？」と迫るのではなく、相手のペースに合わせた提案ということを心掛けています。「**相手のため**」**というのが伝わるように丁寧にフォローすることで、話が弾みやすくなり、提案が通りやすくなります。**

提案

　アフターフォローは営業やプレゼンだけでなく、最終面接のあとにも使えます。

　最終面接は、内定を出すか決める場です。企業側としては、内定辞退や入社後すぐ辞めてしまう人の採用は避けたいため、「この会社に貢献し続けたいから、本気で入社したい」という入社意欲を知りたいと思っています。

　そこで最終面接のあとに、お礼状やメールで入社意欲を伝えましょう。その気持ちを受け取った面接官は、「こんなに興味を持ってくれているんだな」「入社の覚悟が決まっているんだ」と感じるのです。そして、あなたと別の人とどちらを採用するか悩んでいたら、より入社意欲が高いあなたを採用する確率がだいぶ高まるはずです。

　控えめな提案をして終わるのではなく、アフターフォローまですれば関係性を保ちやすくなります。

　アフターフォローでも、相手の知りたい情報を伝えることを意識して、今後の売上や内定につなげてください。

CHECKPOINT

✓ 最後の提案は、次の行動がわかるように

✓ いきなりクロージングすると上手くいかない

✓ アフターフォローが大事。こまめに連絡するよう
にしよう

WORK SHEET

Q1 控えめな提案を考えてみましょう。

Q2 アフターフォローでできることを具体的に考えてみま
しょう。

第 **9** 章

【ケーススタディ】
ツカむ説明
実践編！

ツカむ説明は、
実践しながら身につける

● 最初に話す6STEPのおさらい

　ここまで、いかがだったでしょうか。ツカむ説明をするイメージはできましたか？

　一度、6つのSTEPをおさらいしましょう。

　ツカむ説明の型

　STEP 1　一言

　説明する要素を一言でわかりやすく話す

　STEP 2　実績

　信頼されるために実績や第三者からの評価を話す

　STEP 3　ビフォーアフター

　聞き手の知りたい「変化」を話す

　STEP 4　特徴

　テーマに関する、差別化ポイントを話す

　STEP 5　ストーリー

　テーマにまつわるドラマを話す

　STEP 6　提案

　聞き手に、次にしてもらいたい行動を提案する

　相手あっての説明なので、実践しながら型を身につけるの
が一番早いと思います。

　第9章は、1分間でつかむイメージを持ってもらうために、
ケーススタディを解説していきます。ここで解説するケース
は、次の4つです。

　　・顧客への商品PR

　　・メディア関係者へのPR

　　・面接での自己PR

　　・上司への提案

ケース
スタディ

　具体的に相手がいる想定でいかに話していくかを学んでい
きましょう。

顧客への商品PR

● ケース1 プラットフォームの営業シーン

　1つ目のケースはPRプラットフォームを営業している佐藤さん。多くの人に見てもらえて、操作も簡単な画期的なサービスのはずなのに、お客様にあまり理解してもらえないのが悩みのようです。それでは、冒頭にどのような説明をしているか、見てみましょう。

NG例 佐藤さんのケース

　「PRが注目を集めていることは、ご存じですよね。今回ご紹介したい商品が▽▽という、新しいPRプラットフォームでして。月間〇〇PVがあります。

　月間〇〇というと、都内のターミナル駅の乗降数と同じ人が見たといえます。ここに記事を挙げることで多くの人に知ってもらうことができるんです！　宣伝効果としては、▲▲万円と同じ効果が見込めると言われています。

　私たちの特徴は、ノーコードのため、ウェブの専門知識

がなくても操作可能なことです。PRプラットフォームとしては後発ですが、優秀なエンジニアが集結し、5年の歳月をかけて解決したサービスなんですよ。ご契約形態は、一本あたりではなく、月ごとのご契約です。契約期間中は記事を上げ放題です。ぜひ、今月から始めてみてはいかがでしょうか?」

●知りたいことを話せば、自分ごと化してもらえる

お客様に「これは自分に必要だ」と思ってもらうには、知りたいことを話す必要があります。ところが、佐藤さんのケースでは、そもそも知りたいことを見つけようとしていません。「お客様はPRに困っている」と決めつけて、特徴から話をしています。

その結果、お客様は「うちはPRプラットフォームが必要じゃないのに」と興味を失ってしまう可能性が高くなります。

また、いきなり商品の売り込みから始めると、お客様の潜在的な悩みに気づけません。

「PRに困っている」という課題があっても、それを自覚していないお客様がいます。その状態で本題を話しても、そもそも課題を自覚していないので「うちに必要な商品だ」と興

味を持てないのです。

　そうならないように、まずお客様の知りたいことを見つけましょう。

　事前調査で「ビフォーアフター」の仮説を立てて話す。もしくは信頼関係を築いた上で、「どんなことにお困りですか？」「どんな課題がありますか？」「どんな状態になりたいですか？」と質問し探っていきます。

● 1つの商品につき説明は4〜5パターン

　そして、お客様の知りたい「ビフォーアフター」に合わせて、オーダーメイドの提案をしてください。「オーダーメイド」と聞くと大変そうに感じるかもしれませんが、実際は4〜5パターンの提案を準備すれば十分です。

　ツカむ説明を繰り返していくうちに、パターンは自ずと増えていきます。その中から相手に合わせた提案をするのです。提案するとき、「あなたに合わせた提案です」と特別感を出すことで喜んでもらえます。

　最後はお客様の気持ちに合わせて、次の行動を提案しましょう。

　お客様が導入後を具体的にイメージできていないようであれば、トライアルキャンペーンの紹介や事例をまとめた冊子

を渡します。

　今回の場合、まずお客様に質問して「ビフォーアフター」を探りましょう。それに応える話し方ができれば、「この商品は自分に必要だ」と興味を持ってもらえるはずです。

OK例

佐藤さん「現在のお困りごとをお聞きしたく、現在はPR
　　　　　はされているのでしょうか。ホームページを拝
　　　　　見させていただいたのですが、メディア掲載の
　　　　　情報が２年前の情報でとまっていますよね」
お客様A「PRしたいんだけれど、人材不足なんです。や
　　　　　りたいんだけれど、人が全然なくって、時間も
　　　　　ないし、だからといってそんな費用もないし」
佐藤さん「そうですよね。御社のような企業がほとんどで
　　　　　す。そういう予算もないし、人もいない。でも、
　　　　　PRしたいというのを解決するのが、うちの今回
　　　　　のサービスなんです。
　　　　　　これを使うと、人がいなくても、そして低予
　　　　　算でもメディアに取り上げてもらえるという未
　　　　　来が叶えられるんですよ。メディアに人脈がな

くても、月1回、このプラットフォームで新商品の概要だけをピッと入れてもらえたら、簡単にこちらのシステムでプレスリリースをつくって配信をするので。メディアの方にも見てもらえるきっかけが手間をかけずにつくれます。

　それだけではなく、この記事は御社のホームページに組み込まれるので、SEO対策にもなります。メディアの掲載のチャンスも広がるし、ホームページのSEO対策にもなって、御社が今言われていた認知活動したいけれど人がいない悩みが低予算で解決できるんですよ」

打ち合わせ

メディア関係者への PR

● ケース2 メディア関係者へのPRシーン

　2つ目はヨガスタジオを運営する田中さんのケースです。独自のノウハウをお持ちのようですが、メディアの方々にその魅力が伝わっていないのが悩みのようです。それでは、冒頭にどのような説明をしているか、見てみましょう。

ケース
スタディ

NG例　田中さんのケース

　「今回、ご紹介したいのがヨガスタジオです。ただのヨガではなく、コリをほぐすことに特化したスタジオです。▲▲大学の研究によりますと、コリが溜まるのは筋肉のクセが関係してまして。私は「隠れコリ筋肉」と名づけました！「隠れコリ筋肉」は全身に20カ所あると言われてまして、そこを重点的にほぐすプログラムになっています。イベントスペースなどで地道に活動を続け、20～80代の方に喜ばれています。子育て世代のママ・パパに喜んでもらったり、ご高齢の方にも評価いただいたりと大変評判です。

とくに2025年に介護難民の方が増えると言われております。団塊の世代が後期高齢者になる2025年、介護現場で受け入れができないのではないかと危惧されており、介護を必要としているのに受けられない方が増えると言われているのです。私のプログラムは、その問題の解消にも役立つことができると思います」

● メディアの先にいるのは誰か

　メディア関係者へのPRでは、メディアの先にいるメインターゲットを意識してください。田中さんは「20〜80代の方に喜ばれているヨガスタジオ」とターゲット層を限定せずに提案しています。そのほうがより多くの媒体に興味を持ってもらえるだろう、と考えたのでしょう。

　しかし、メディアの人が知りたいのは、自分たちのメインターゲットのためになる情報です。ですから、すべての世代に向けた情報を話しても興味を持たれません。

　ターゲット層を限定しないと、シニア世代の女性向けメディアの編集者は「若者向けの内容でもあるんだな。じゃあ、うちの読者層向けの情報ではなさそうだ」と思うでしょう。

　そう思われないように、メディアの先にいるメインター

ゲットが知りたい情報を話すようにしてみてください。まず
メディアの人と、「シニア世代の女性ですと、肩の痛みや肩
こりの症状に悩んでいる方は多いでしょう」とターゲット層
の悩みを定義します。そして、ビフォーアフター・特徴・ス
トーリーに入ってください。

　ほかの世代の話をする必要はありません。メディアの人が
知りたい情報だけ話せば、自然と前のめりになってもらえま
す。

● 社会問題の解決をロジカルに説明する

　メディア向けのPRでは、社会課題（社会全体でこれから
解決していくべき課題）を話して惹きつけることが重要です。
メディアの人たちは社会をよりよくしようと、そのために必
要な情報を探しています。ですから、社会課題を提示した
あと「その問題解決に、うちの商品が使えるんです」と話す
ことで「この商品は世の中に伝える価値がある」と思われて、
メディア掲載につながりやすくなります。

　ただ、そのときにありがちな失敗が、提示した社会課題と
PRしたい商品のつながりがわからない話し方をすることで
す。田中さんのケースも同様です。社会課題として「2025年
に介護難民が増えること」を話していますが、その解決にヨ

ガがどう結びつくのかわかりません。ですから、社会課題で惹きつけることはできても、説明を聞いてもらえません。

　そうならないように、社会課題の解決に商品が役立つことを理論的に話しましょう。納得してもらえれば、世の中に必要な情報として取り上げてもらえます。

OK例

　「今回、御社のメディアの読者の方に、おすすめの体操があるのでご紹介いたします。シニア世代の女性の方ですと、肩の痛みや肩こりの症状に悩んでいる方は多いでしょう。ヨガスタジオのアンケートによれば、今回ご紹介する体操によって、シニア世代の約7割が肩の痛みから解消され、『ぐっすり眠れるようになった』『家事が苦痛でなくなった』と生活の質が向上したと回答しています。

　肩の痛みや肩こりの症状に悩むシニア女性は、背筋をまっすぐ伸ばす体操をするだけで、症状の改善が期待できるんです。これはヨガの動きをアレンジしたもので運動不足のシニア世代の方でも、簡単にできる体操になっています。

　この体操を開発したのは、実は私の母がひどい肩こりに悩んでいるのを見てきたことが大きな理由です。そのうち

母に鬱の症状が出てきてしまい、原因がわからなかったの
ですが、まさか肩こりがその原因のひとつだったんですね。

　体操をしたことで、すごく気持ちが楽になったようで、
今では楽しく生活しています。こういった悩みは私の母だ
けではなく、御社の読者様も同様に抱えている悩みだと思
います。背筋をまっすぐ伸ばす体操によって、シニア世代
の多くが不調に気づくきっかけになり、介護と無縁な人を
増やせるようにしていきたいです」

面接での自己PR

● ケース３ マーケティング会社での面接シーン

３つ目はマーケティング会社への転職を目指す井口さんのケースです。これまで営業職としての実績があるにもかかわらず転職活動が上手くいかないのが悩みのようです。どのように井口さんが、自分の強みを自己PRしているか見てみましょう。

NG例 井口さんのケース

「私の強みは継続する力があることです。これまでメーカーの法人営業に５年間従事し、真面目に取り組んできました。先輩からの引き継ぎのお客様には誠意を持って対応し、ときには無茶振りとも言える要求にも応えるべく頑張ってきました。

また新規営業も得意で、テレアポから新たな商談を生み出し、案件化することも得意です。今の会社で取り扱っている機械は複雑なのですが、お客様に何度も説明するうち

にコツがつかめてきました。会社の先輩からは、信頼され
ておりまして難しい案件に入ってくれと言われることもあ
りますし、後輩からは何かと相談される存在です。

　自分のこれからのステップアップのために、マーケティ
ングスキルを学びたいと思っております。ぜひ、今日の面
接もよろしくお願いします」

● 受け身の姿勢では興味を持ってもらえない

　中途採用では、即戦力になる人材が求められています。で
すから、応募者は企業が求めている「ビフォーアフター」に
対して、どのように貢献ができるのかを話す必要がありま
す。

　ところが、井口さんのケースではそうなっていません。こ
れまでの経験や強みを話しているだけです。それでは、面接
官が「採用後、会社の成長にどう貢献できるのか」を具体的
にイメージできません。

　そもそも「マーケティングスキルを学びたい」と話してい
ることからも、会社に貢献したいのではなく、「会社の成長
に貢献するスキルがない自分を受け入れてください」と思っ

ていることがわかります。そのような受け身の姿勢では、即戦力になれないので採用されないでしょう。

　採用されるためには、主体的に行動していきたいことをアピールしてください。

　まず企業研究をして、企業の「ビフォーアフター」（どのように変化したいか）を理解します。その上で、これまでの実績やスキルで貢献できる部分を入れた自己PRを話したほうがいいでしょう。

● うわべの情報だけでわかったつもりにならない

　また、企業に貢献できることを話すとき、「ビフォーアフター」を深く理解した上で、これまでのストーリーを話しましょう。自己PRでやりがちなのが、企業のホームページにある経営理念やビジョンを丸暗記して、「御社の考えに共感しています」と話すことです。

　しかし、それを聞いた面接官からは「考えが浅い」「本当に、そう思っているのかな？」と思われてしまいます。ホームページ上の情報だけでは、経営者が経営理念やビジョンを考えた背景や思いがすべて伝わり切らないからです。

　ですから企業研究をするときは、ホームページの情報だけでなく、経営者の著書やインタビュー記事、ブログ、SNSを

確認して、企業が求める「ビフォーアフター」をしっかりと理解しましょう。その上で、前職のストーリーを話すのです。すると、リアリティが生まれ、説得力のある自己PRになります。

OK例

「前職では営業職でしたが、マーケティング部との調整も多く、常にマーケティング視点を持ちながら営業していました。その経験をいかし、御社が＊＊の目標を達成することに貢献したいと思っています。また、御社では新規事業を始めたとホームページで拝見しました。前職では法人営業で新規のお客様へのアポイントメントや、新規事業を始めるお客様のサポーターをしており、コンサル営業として新規事業の立ち上げを支援した経験があるので、そういった点で御社でも貢献できると思います。

　代表の〇〇さんが＊＊＊のような世界をつくりたいことに共感をしています。これまで勤めていたBtoB企業では、エンドユーザーのお客様と直接やりとりする喜びが味わえず、やりがいをなかなか感じることはできませんでした。その経験から、たとえ大変なことがあっても、エンドユーザーのお客様と直接やりとりして、お客様の可能性を開花

させられるお仕事をしたいと思っています。

　御著書も拝読して、御社では人生にしっかりコミットすることを大事にしていることを知りました。売上至上主義だった前職の会社ではやりがいを感じられず、そうではない考え方を大事にする御社に共感しています」

社内
上司への提案

● ケース4 上司にシステム導入を打診するシーン

　4つ目は、あるシステムを上司に導入してほしい竹内さんのケースです。システムを導入して業務を効率化したいのですが、上司が理解してくれないのが悩みのようです。それではどのように話しているか、見てみましょう。

ケーススタディ

NG例　竹内さんのケース

　「あの、ちょっと相談なのですが、営業部は表管理ソフトで数字を管理していますよね。これ、新しいシステムを導入したほうがいいと思うんですよ。手入力だと間違うこともあるし、何よりも分析がしづらい部分がありまして。これからウチは顧客を広げていこうとしていますよね。顧客の分析は何よりも重要じゃないですか。月にコストは〇〇円かかるんですけど、ライバル会社のA社もやっているらしいので、やったほうがいいと思うんですけど、どうですか？」

● 変化した状態まで話さないと、ほしいと思わない

　聞き手は、その商品を買ったことで得られる変化を求めて、商品が欲しくなります。
　ところが、竹内さんのケースでは、営業システムを導入したあとの「ビフォーアフター」（どのように変化できるか）を話していません。

「表計算ソフトで数字を管理すると間違えることがある、分析がしづらい」と困っている状態（ビフォー）は話しています。しかし、それだけだと聞き手が「システムを導入したら、どう変化できるのか」をイメージできず、「今の営業部には必要ない」と思うでしょう。

　そうならないように、変化した状態（アフター）まで話しましょう。
「これまで＊＊万円かかっていた人件費が、導入後は＊＊万円になります」「導入後、＊＊％だった結果が＊＊％になります」と数字を使って具体的に話せば、よりイメージしやすくなります。

● 従来品と比較できる「特徴」をすべて話す

　ほかの商品と比較できるように、商品の特徴はデメリットも話しましょう。

　竹内さんの話し方では、導入後のメリットと費用はわかりますが、デメリットはわかりません。このような話し方をしたのは、「システムのデメリットまで話すと、そこが気になって導入してもらえないのではないか」と考えたからだと思います。

　しかし、実際はデメリットまでわからないと従来品と比較できません。

　経営陣は中長期的な視点で、「システムを導入したら、会社が成長できるかどうか」を判断しようとしています。もちろん間違った判断をしたくありません。そのために、メリット・デメリットをすべて踏まえた上で、冷静に判断する必要があります。にもかかわらず、メリットだけ話せば、単なるリサーチ不足だと思われるでしょう。

　ですから、聞き手が知りたいデメリットも正直に話してください。その上で、「こんなデメリットがあるんですけど、それを払拭できるくらいのメリットがあるんです」と話せば、魅力を感じてもらえます。

OK例

「営業システムの導入後は、これまでの課題が解決されて作業時間が月に＊＊時間短縮されます。また、＊＊万円だったコストが＊＊万円まで削減されるんです。

　そのため、営業システムの導入を検討したく思っております。導入するとなると、作業がワンアクション増えるというデメリットもあるのですが、先ほども話したように、それを払拭できるくらい全体の作業時間の効率化と、費用削減が見込めます」

終章

【応用】
さらに上手く
説明するために
必要なこと

「最初の1分」のあとは、
何を説明すればいいのか？

● メインの説明は、ステップで話す

ツカむ説明のあと、メインの説明ではどう話をしていけば
いいのでしょうか。この時点の相手は商品サービスに興味は
持っているけど、完全には腹落ちしていない状態です。

メインの説明で求められるのは、相手に「**自分が本当に変
化できる**」と思ってもらうことです。

そこでメインの説明では、商品サービスの詳細ではなく、
ビフォーアフターのプロセスを語りましょう。相手はこのプ
ロセスを理解して、本当にビフォーアフターに納得できるよ
うになります。

このとき、相手が理解しやすいよう「ステップ形式」で話
すのがおすすめです。

たとえば、10kg痩せることを打ち出しているジムがあっ
たとしましょう。そのときは、設備などを語るよりも10kg
痩せるプロセスを話す方が効果的です。

メインの説明はステップで語る

（例）10kg痩せるダイエットジム

STEP 1　週1回のグループエクササイズ

STEP 2　週2度のマンツーマンレッスン

STEP 3　トレーナーによる食事指導もスタート

ステップを語る「前」に実績を見せる

　ステップを説明するときは、まずはそのステップで上手くいった実例を見せましょう。できれば、複数の実例を話せると信頼性が高まります。

　先ほどの例で言えば、「このステップでAさんは13kg、Bさんは11kgのダイエットに成功しました」という具合です。

　商品そのもののビフォーアフターには惹きつけられても、そのプロセスに納得できないケースは少なくありません。ビフォーアフター同様にプロセスやステップにも納得してもらわないといけないんですね。

　だからこそ、このステップでは信頼できるノウハウ、再現性のあるプロセスだと認識してもらってから詳細を語っていきましょう。

ステップを語った「後」も実績を見せる

　ステップを説明したあとは、さらに実例をステップ順に解説できると、より聞き手の理解が高まると思います。

たとえば、PRが上手くいく３ステップがあるとします。

（例）PRが上手くいく３ステップ

STEP 1　PR設計をする

STEP 2　プレスリリースをつくる

STEP 3　メディアアプローチを行う

それぞれ概要を説明したあと、実際のA社の例で具体的に語っていきます。

実例でステップを語る

（例）PRが上手くいく３ステップ

STEP 1　A社はこのようなPR設計をした

STEP 2　A社が作成した実際のプレスリリース

STEP 3　A社のメディアアプローチのやり方

具体的にステップを語ることができるので、相手も「自社だったらどうかな」と自分事として聞いてもらいやすくなりますし、実績の紹介にもなるのでさらに納得感が高まります。

● 誠実に質問に答えていく

　ビフォーアフター、そしてプロセスに納得すると聞いた瞬間は盛り上がるのですが、その次に相手が不安になることがあります。まさに「うちの会社でも本当に成果出ますか？」「自分でもできるんですか？」といった質問は、相手が「本当に大丈夫かな」と不安に感じているときです。

　ここは、事実ベースで丁寧に答えるようにしてください。変に話を盛ってしまうと逆効果になることがあります。誠実に対応するのが一番いいと思います。

応用

話してからも
ピントを合わせ続ける

● 聞き手が興味を持っているか判断する

　メインの説明でも、話しながら相手にピントを合わせていきましょう。商品をアピールしたい気持ちが大きいと、話すことに夢中になってしまい、聞き手の反応を無視した説明をしがちです。

　たとえば、聞き手は特徴の説明にもう飽きているのに、夢中で楽しそうに話し続ける人がいます。そうなると、せっかく興味を持ってもらえたのに、心が離れてしまいます。ここも聞き手の反応に合わせて柔軟に話してください。

　そのためには、聞き手の反応をよく見るようにしましょう。聞き手が話に興味を示しているかがわかる2つのポイントがあります。

①目線は合うか？

　話しているとき、聞き手と目線が合うかどうかを確認しましょう。目線がしっかりと合うようであれば、興味を持っていることがわかります。

　目線を確認したいとき、打ち合わせ時に印刷した提案資料を渡さないのがコツです。

　印刷した資料を渡すと、聞き手は資料を読み始めてしまうことがあるからです。それでは、あなたに目線を向けてもらえません。

　そこで、資料はあえて渡さず、話し手が持っている資料を見ながら聞いてもらうようにします。すると聞き手の目線が話し手に向くので、目線を確認しやすくなります。

②質問や相槌が多いか？

　話に興味があるとき、聞き手の表情は明るくなり、質問や相槌が多くなります。反対に興味がなければ、質問や相槌もせずに表情も曇ります。例外もありますが、そのようなときは自分の説明がズレている可能性が高いです。

　もし興味がないとわかったら、途中で質問したり不明点がないか確認しながら、違う話題に切り替えましょう。「知りたいことと違いましたか？」と素直に聞いてしまうのもありだと思います。

応用

● さらに質問をして解像度を上げていく

　説明をしている最中も、こちらから質問していきましょう。事前のヒアリングよりも、具体的な話をしているのでビ

フォーアフターも高い解像度でつかめるはずです。たとえば、「会社の離職率を下げたい」と言っていた経営者に説明をしながら「どの年代の退職率が高いんですか?」と深掘りしていくのです。

　ここでも魔法の言葉「**ちなみに**」が役に立ちます。課題の詳細が見えてくるにつれて、先ほどのステップの事例も適切なものを選べるようになります。そうすると、さらにピントが合ってくるわけですね。

●「好かれること」を目的にしない

　聞き手の反応で確認するのは、あくまでも「話に興味を示しているか」であり、「あなたに好意的であるか」ではありません。そのことを忘れないでください。
「相手から好かれれば、人脈やコネで提案が通りやすくなるかもしれない」。そう考える人は、聞き手が自分に好意的かどうか気になるでしょう。

　しかし、人脈やコネで提案が通ったのは一昔前の話。今はほとんどの企業で余裕がなく、自社を成長させるのに必要な商品を手にして、競争社会を生き抜こうとしています。
　ですから、相手は、商品選びのために知りたい情報を伝えられているかを重視しています。

　私はビジネスシーンで誰かと話すとき「この人に好かれたい」ではなく、「**この人は何を知りたいのだろうか？**」と常に考えています。

　皆さんも「**自分にどんな情報を求めているのだろうか？**」という意識は忘れないようにしてくださいね。

応用

引き出しから
取り出すように話す

● **ストックが増えれば、説明は上手くなる**

本書では繰り返し「相手に合わせる」ことを強調してきましたが、メインの説明でも同じです。たまに、３分バージョン、５分バージョンと台本を用意している方もいますが、実際なかなか上手くいきません。

私も昔はトークスクリプトを準備していたのですが、相手が予想と違う方だったり、思ってもみなかった質問をされたりすると、頭が真っ白になって、結局相手が聞きたいこととズレた話しかできないという経験がありました。

今は、相手に説明するときは「次はこれにしようかな」と頭の引き出しから取り出すようなイメージで話しています。ただ、頭の引き出しの中に何もなければ、選べません。

そこで「**ツカむ説明の６STEP**」をそれぞれ言語化して、ストックを増やしていきましょう。

私の場合、ひとつの商品サービスにつき「ビフォーアフター」「特徴」それぞれ５個づつはストックしてありますし、実例は20個くらい話せるようにしています。

　ただ最初からこんなストックがあったわけではありません。説明する場数を踏むことで、自然に増えていきます。

　ポイントは漫然と説明するのではなく「こう言ったけど、違う特徴を話せばよかったな」という**トライアンドエラーを繰り返すことです。**

　1つの商品で語れる「ビフォーアフター」「特徴」には限界があります。だいたい多くて5つくらいでしょう。

　さらに場数が増えてくると、「この質問にはこの特徴を話そう」といったように自分の中でパターンが見えてきます。先の展開が予想できれば、余裕が出てきます。相手のことを見ながら話せますし、話を振ることもできるので、どんどん説明が上手くなるでしょう。

引き出しから選ぶように説明する

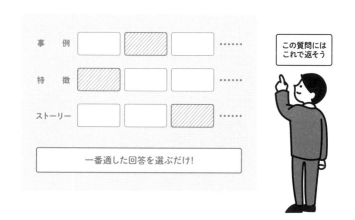

応用

225

惹きつけるテクニックを
フルに使う

● 「疑問系」と「五感」で注目を集める

　第1章で触れた「どう言うか」よりも「何を言うか」が大切
という話を覚えていますか？

　ただ、「何を言うか」が決まれば、話し方のテクニックは大
いに活用した方がいいと思います。ここでは、私が実際に活
用しているテクニックをいくつか紹介しましょう。

　ひとつ目は、「疑問系」を使うことです。疑問系を使って質
問すると、聞き手は答えを知りたくなって、話し手を見るよ
うになります。やりとりが発生するので、一方的な説明にな
りづらいというメリットもあります。くどくならない程度に、
話している言葉を疑問形に言い換えましょう。

疑問形へと言い換える

「毎日プロテインを飲んでいる人は少ないでしょう」

↓

「毎日プロテインを飲んでいる人はいますか？」

　このように問いかけられると、聞き手は答えを主体的に考えるようになります。話に集中してもらいやすくなるんですね。

　また、**現物があれば体験してもらうのも手です。**聞き手は五感を使って体験すると、理解がより深まり、好奇心が刺激されます。これは商品の特徴を説明しているときに有効です。

　たとえば、次のような特徴があるワイシャツをプレゼンするとします。

応用

- アイロンがけが簡単になるイージーケアタイプ
- 柔らかく、肌触りが滑らかで着心地がよい綿100%
- スタンダードなデザインの「セミワイドカラー」

　これらの特徴を口頭で言われたら、何となくわかるけど具体的にイメージしづらいのではないでしょうか。

　そこで、「このサンプルを、少し触ってみてください」「既製品と比べて、この新商品は違いますよね？」と話して、実際に触ってもらうのです。すると、実体験した聞き手は特徴についての理解が深まり、興味が湧いてきます。

● プレゼン資料はそのまま読まない

　私は、資料を一枚一枚読み上げることはほとんどしません。聞き手の反応を見ながら、話すスライドを選ぶからです。相手に合わせるためにプレゼン資料はさまざまなパターンを想定して用意しましょう。説明するときは、そこから取捨選択すればいいのです。

　私の場合、約20〜30分のプレゼンであれば、実際は10枚だけで十分だったとしても、30枚を目安に準備します。
　そこから、「お客様は売上高の推移を知りたがっているから、数値データの資料を見せよう」と知りたいことに合わせて10枚分を選び取るのです。
　ただツカむ説明では、そのように資料を選ぶ時間がありませんから、必ず見せる資料を4〜5枚だけ準備すれば十分です。事前に情報収集した内容をもとに、聞き手が知りたい「実績」や「ビフォーアフター」を視覚的に伝えるように資料を準備してください。

● 話す相手は初心者だと想定する

　自分が説明するとき、そのテーマに関して相手がどのくらい知識があるのかわからず、どう話すべきか迷うことがあり

ますよね。

　相手の情報がない場合、私は、初心者の方に話すように説明します。あまり知識がない方にちょっと専門的な内容を話しても、わかったようなわからないような状態になってしまうんですね。しかも、その状態は話し手からはわかりにくいんです。

　だから、**まず初心者の方に合わせて説明するようにしています。** もし相手が知っている素振りを見せたときは「あ、ご存じですよね」と返しながら、話す内容を調整していけばいいのです。

応用

説明を変えるのは、
なぜ難しいのか

● 広告思考では届きづらい時代になった

これまで多くの方に、本書のように「相手が知りたい内容を話しましょう」と伝えてきました。ただ、実際に話し方を変えるのは簡単ではありません。

それは「広告思考」になっているからです。広告思考とは、伝えたい情報を一方的に表現すること。

テレビCMをイメージすれば、わかりやすいでしょう。

テレビCMは、広告主が広告料を出す代わりに、好きな情報を伝えることができます。その内容は視聴者一人ひとりに合わせて最適化されたものではなく、全体に向けて「うちの商品は、こんなに素晴らしい特徴があるんです！」とアピールするものです。

しかし、そのような一方通行な伝え方では、商品が売りづらい時代になりました。世の中に情報がたくさんありすぎて、消費者はおすすめされた商品が自分に最適かどうか、判断するのが難しいからです。

　にもかかわらず、広告思考で話そうとする人は少なくありません。

　かくいう私もエアウィーヴのPRを始めた頃は、「情報とは一方的に発信するものだ」と思い込んでいました。ですから、店頭販売をしていたとき、「エアウィーヴは、ポリエチレンの極細繊維エアファイバーが三次元状に絡み合った繊維で、あらゆる方向から体を支える素晴らしい商品なんです！」と伝えたいことを、好きなように話していたのです。

　しかし、それでは全く売れません。どんなに声を張り上げてアピールしても、売れるのは1週間に1枚程度。

　一方、隣の売り場にあった有名メーカーのマットレスは、販売員が静かにしていても次々と売れていきます。「あ、これ気になっていたやつだ！」「友人の口コミで知ったんですよ」とお客様が興奮しながら指名買いしていきます。

　その光景を見たとき、「この商品、いいね！」と相手から思ってもらうことの大切さに気づきました。

●PR思考で話せば、求められる存在になれる

　PRとは、双方向のコミュニケーションです。具体的にいえば、一方的な発信ではなく、相手が欲している情報を汲み

取り、相手とコミュニケーションを取ることです。その意識を持っている人は「PR思考」になっています。

　PR思考での話し方が身につけば、お互いに充実した時間を過ごせます。

　聞き手は知りたいことがわかるので、「おもしろそう」「気になる」と最後まで興味を持つことができます。一方、話し手は前のめりになって聞いてもらうことで、伝えたいことの魅力を理解してもらえます。まさに本書が目指してきたことですね。

　ただ、PR思考で話せば惹きつけられるとお伝えしても、広告思考から切り替えられない人は少なくありません。これまでの経験上、商品に誇りを持っていたり自尊心が高かったりして、「いい部分だけを見せたい」と思っている人に多いようです。

　そのような人は「よくない部分を見せると損になる、格好悪い」と考えて、聞き手から「失敗体験を聞きたい」と求められても言いたがりません。

　また「自分のこだわりを伝えたい」という方も少なくありません。そういう方に「この商品はこう説明したほうがいいと思いますよ」とお伝えしても、なかなか納得してもらえないんですね。

　よくよく考えてみると、**商品やサービスは自分のためではなく、相手のために存在するもの。であれば、その魅力も相手目線で伝えるべきだと思います。**やはり「自分よりも他人がどう思うか」なのです。

● 求められることで、スタートラインに立てる

　どうしても自分のこだわりを捨てられない人は、「PR思考になると結果が出る」と覚えておきましょう。私がそのことを実感したのは、自社のイメージカラーを変えたときです。

　起業当初、女性らしい色が好きだったこともあり、会社のイメージカラーをピンク色にしました。会社のロゴやブログのテーマカラー、服装をピンク色に統一することで、「寄り添って優しく教えるPRプロデューサー」として見てもらおうとしたのです。

　ところが、実際に求められているイメージは違っていました。皆さんに私のイメージを尋ねてみると、「ストイックに結果を出すPRプロデューサー」と思われています。そのイメージにピンク色は当てはまりません。

　そこで、イメージカラーを「信頼」や「実績」を表すネイビーに変更して、服装をフェミニンなものからスタイリッシュなものへ、髪の毛もロングヘアからショートヘアに変え

ました。**皆さんから求められるストイックなイメージに合う
自分になろうと思ったからです。**

　すると、イメージ通りの私に安心して、より多くの皆さん
がPR塾を受講してくださるようになりました。また信頼感
が高まったことで、上場企業との契約も増えていきました。
　このように「自分はこう見られたい」というこだわりを捨
てて、相手に合わせれば結果につながると思います。

　こだわりを捨てるのは、勇気がいることかもしれません。
しかし何より寂しいのは、相手から求められないこと。求
められることで初めて、誇りを持っている商品について知っ
てもらうことができます。

　先日、印象的な出来事がありました。上場企業の社長たち
と少人数の勉強会をご一緒したのですが、全員揃って「**自分
のこだわりはない。お客様が何を求めているか、株主の方が
何を求めているかといったことばかり考えています**」と仰っ
ていたのです。上場企業の社長といえば、実力も実績も持ち
合わせた方々。そういった人たちが「お客様に合わせるうち
に、組織が拡大して、会社も大きくなって上場もできた」と
言うのです。やっぱり自分のこだわりを捨てるって大事なん
だな、と改めて感じました。

　そもそも、交渉時や面接で話す目的は、聞き手の心を動かすこと。「この商品、いいね！」と思ってもらう、「あなたと一緒に働きたい」と思ってもらう。

　そう心を動かすために、ぜひPR思考で話してみましょう。

応
用

最初の1分を磨き続ける

● 説明を変えるのは、ノーリスクハイリターン

　ここまで、惹きつけるために必要な「ツカむ説明」のノウハウをご紹介しました。本書は、わかりやすいように多くのたとえ話や架空のケーススタディを交えてお話ししてきましたが、実際に活用するときは自分の商品に合わせてアレンジしながら使ってみてください。

　ただし、この説明を完璧にマスターしたからといって、すべての人が成功できるわけではありません。話し方の技術を磨くのと同じくらい大切なのは、商品やサービスの質も磨くこと。

　商品を提案するとき、品質の高い商品だからこそ、聞き手に「こんな商品が欲しかった！」と納得してもらえます。一方、品質が悪い商品は、上手く話して選んでもらえたとしても、悪い口コミがついたりクレームに発展したりすれば、信頼を失ってしまいます。結果的にはマイナスになるんですね。 そうならないように、説明を磨くのと同時に、商品の質を高め続けましょう。

　そして、やはり説明する力を磨き続けてください。**説明が**

うまくなると、リスクは低いのにものすごい効果をもたらしてくれます。

　同じ伝えるにしても、全国放送で30秒間のテレビCMを制作する場合、広告主である企業は何千万円から何億という費用を支払うことになります。大きなリスクがあり、失敗は許されにくい。

　それと比べて、説明の仕方を変えるだけであればリスクはほぼありません。制作費がかかることもなく、失敗したとしても改善すればいいのです。

　もちろん、相手からズレた説明をしてしまうときはあります。ただそのズレに気づいて、また相手に合わせればいいのです。いつかは必ずピントが合ってくるのを実感できるはずです。

　ですから、恐れずに実践していただければと思います。

● 失敗は成長の糧。試行錯誤しながら進化を続ける

　とはいえ、初めから上手く説明できる人はほとんどいません。上手く話せるようになるには、失敗からの学びが必要だからです。

　私もPRを始めたばかりの頃は、上手く話せませんでした。ただ、それでも「伝える」という打席に立ち続けていま

す。失敗するたびに反省して、「次はここを修正しよう」と失敗を糧に進んできました。

　その結果、今では緊張せずに話せるようになり、わかりやすい話し方だと言われるようになりました。**失敗から学び続ければ必ずうまく話せるようになると思います。**

　ただ、失敗すると落ち込んでしまい、再びチャレンジする気持ちになれない人もいるでしょう。そのときに大切なのは、悔しい気持ちを自覚すること。そして、「思い通りになるならば、どうなりたいか？（なりたい姿）」を想像してみましょう。本書でいう「ビフォーアフター」ですね。

　なりたい姿は、身近な目標でも構いません。私もPRコンサルを始めたばかりの頃は、「毎月8名の枠を満席にしたい」と小さな目標からスタートしました。

　その目標を達成することで自信をつけることができ、「次は、12名の枠を満席にしよう」「次は、社員を雇って会社をつくろう」「次は、1万人規模のPR塾を立ち上げよう」「次は、PRプロデューサーを憧れの職業にしたい」と、なりたい姿がどんどん大きくなっていったのです。

　ですから、説明もいきなり完璧なものを目指すのではなく、最初は小さな一歩から変えていけばいいと思います。本書では、ツカむ説明の6STEPを紹介しましたが、まずはSTEP1の「一言」から始めてみてください。

　最後になりますが、本書を出版できたのも、すべてはPR塾生、I'me生、PR代行のクライアントの皆さまのおかげだと思っています。たくさんの人に支えられて、ここまでこれました。関わってくださったすべての人に感謝しています。

　そして、この本の編集に携わってくださったクロスメディア・パブリッシングの大沢卓士さん、PR面でサポートいただいた古川浩司さん、編集協力の流石香織さん。新しい私の一面を引き出し、素敵な1冊に仕上げていただき、本当に感謝いたします。

　また、この本が誕生したのは、元PR塾生であり、現在広報PRを担当している 庄子恵理さんの存在があったからです。本当にありがとう。

　LITAの社員一同、業務委託の皆さん、いつも私を支えていただきありがとうございます。心強い仲間の存在が日々力になっており、このメンバーだからこそ日本一のPR会社を目指すことができています。そして、何より一番そばで支えてくれている家族には感謝の日々です。

　ここまで読んでくださり、ありがとうございました。皆さんの説明が上手くなり、さらに人生が楽しくなることを心からお祈りしております。

笹木郁乃

[著者略歴]

笹木郁乃（ささき・いくの）

PRプロデューサー
株式会社LITA 代表取締役社長

会社員時代、創業期2社のPRを担当。元々は口下手でうまく話せず、最低の社内評価「C」を受ける。しかし説明のスキルを磨き、状況は一変。
株式会社エアウィーヴでは、2009年の入社当時1億円だった年商が5年で年商115億円まで急成長した時代の広報担当者として、多くのメディア露出を獲得し、売上に貢献。愛知ドビー株式会社（バーミキュラ製造販売）では入社1年で、看板商品のバーミキュラを12カ月待ちの人気商品へと押し上げ、PRの力で急成長に貢献。
その後、企業価値にPRの力を加えることで、会社が劇的に変化するということをより多くの方々に伝えるために独立。「PR塾」を主宰。
現在までに8000名以上の経営者・起業家・広報担当者・広報未経験者にPRを指導。また、PRの顧問先は1600社になり、大手・上場企業含め多くの企業を支援している。その他、企業主催の講座やイベントにもPR講師として登壇。
複数のメディアでも掲載実績あり。

説明の上手い人が「最初の1分」でしていること

2024年4月21日　初版発行

著　者	笹木郁乃
発行者	小早川幸一郎
発　行	**株式会社クロスメディア・パブリッシング** 〒151-0051 東京都渋谷区千駄ヶ谷4-20-3 東栄神宮外苑ビル https://www.cm-publishing.co.jp ◎本の内容に関するお問い合わせ先：TEL(03)5413-3140／FAX(03)5413-3141
発　売	**株式会社インプレス** 〒101-0051 東京都千代田区神田神保町一丁目105番地 ◎乱丁本・落丁本などのお問い合わせ先：FAX(03)6837-5023 service@impress.co.jp ※古書店で購入されたものについてはお取り替えできません
印刷・製本	**株式会社シナノ**

©2024 Ikuno Sasaki, Printed in Japan　ISBN978-4-295-40960-1　C2034